LAROUSSE DOS *Pães*

ÉRIC KAYSER

COM A COLABORAÇÃO DE JEAN-PHILIPPE DE TONNAC
FOTOGRAFIA DE MASSIMO PESSINA

LAROUSSE DOS Pães

TRADUÇÃO DE
MARIA SUZETE CASELATTO

Sumário

Apresentação	9
Em nome do pão	10

Os princípios da panificação — 13

As farinhas	14
A escolha dos ingredientes	16
O material	18
A sova	20
A fermentação	24
Os dois tempos da fermentação	30
A forma	32
A modelagem	34
As incisões	38
O cozimento e a conservação do pão	43
Aprendendo com os erros	44

Os pães tradicionais — 47

Pão redondo	48
Bâtard	52
Baguete	55
Polka	56
Espiga, ficelle e trança	58
Gâche	62
Filão	64
Pão rústico	66

Os pães especiais — 69

Pão de farinha de primeira moagem	70
Pão de milho	73
Pão multigrãos	74
Pão de Kamut®	76
Pão integral	80
Pão de semolina	82
Pão de campanha	84
Pão de farelo de trigo	86
Pão de centeio	88
Pão de méteil	92
Pão de fubá sem glúten	96
Pão de castanha sem glúten	98

Os pães orgânicos de fermentação natural — 101

Baguete orgânica	102
Pão de uvas-passas	106
Pão clássico orgânico	109
Pão de trigo-sarraceno	112
Pão de espelta	114
Pão de farro	116
Pão de fôrma integral	118
Pão redondo de farinha de moinho orgânica	120

Os pães enriquecidos — 123

- Pão de avelãs e manteiga — 124
- Pão de nozes e gorgonzola — 126
- Pão de matcha e laranja — 129
- Pão de laranja — 132
- Pão de figo — 135
- Pão com mel — 136
- Pão de nozes e manteiga — 138
- Pão de cúrcuma — 142
- Rosca de doze frutas secas — 144
- Pão de gergelim — 148
- Pão de tinta de lula — 150

Os pães à base de azeite — 153

- Ciabatta natural — 154
- Ciabatta de grãos e sementes — 158
- Ciabatta de trigo-sarraceno — 160
- Ciabatta com sementes de abóbora — 163
- Pão de manjericão — 166
- Pão de tomates secos — 169
- Fougasse de queijo de cabra — 170
- Fougasse de azeitonas pretas e verdes — 172
- Fougasse com bacon — 176
- Pizza — 178

Os pães doces e os viennoiseries — 183

- Pãozinho de leite — 184
- Viennois — 186
- Pão doce — 190
- Brioche — 192
- Pão de fôrma tipo brioche — 196
- Benoîton de uvas-passas — 199
- Croissant — 200
- Pão de chocolate — 204
- Pãozinho de baunilha — 208
- Pão de fôrma — 210
- Pão de uvas-passas — 214

Os pãezinhos — 219

- Pãozinho de sementes de papoula — 220
- Pãozinho de bacon e nozes-pecãs — 222
- Pistolet — 226
- Pãozinho de algas e Kamut® — 228
- Pãozinho de avelãs e chocolate — 230
- Pãozinho de uvas-passas e nozes — 234
- Grissini — 236

Os pães regionais franceses — 241

- Tabatière (Jura) — 242
- Pain fendu (Berry) — 246
- Marguerite (Ardèche) — 248
- Portemanteau (Toulouse) — 250
- Pain tordu (Gers) — 254
- Vivarais — 256
- Couronne (Lyon) — 259
- Pão de Aix — 262

Os pães de todo o mundo — 265

- Focaccia de alecrim (Itália) — 267
- Macatia (Reunião) — 270
- Ekmek (Turquia) — 272
- Pumpernickel (Alemanha) — 274
- Broa (Portugal) — 278
- Bagel (Canadá e Estados Unidos) — 280
- Pão de hambúrguer (Estados Unidos) — 284
- Pain vaudois (Suíça) — 286

Anexos — 289

- Tabela dos pães (para profissionais) — 290
- Glossário — 299
- Índice — 301

Apresentação

Há cerca de vinte anos, os franceses redescobriram o pão. Não qualquer pão, mas aquele que notáveis padeiros artesãos, com a ajuda de seus moleiros, apresentam hoje em suas lojas. A fermentação natural, as farinhas de boa qualidade, a combinação da tradição com a tecnologia e a criatividade contribuíram para essa volta triunfal. Atualmente os consumidores querem saber de que é feito seu pão, por isso têm deixado de lado as produções industriais, sem alma. Foi pensando nisso que este livro foi idealizado.

Éric Kayser, padeiro artesão de grande renome, não apenas na França, mas também em outros países, quer ajudá-lo, leitor, tanto a escolher um bom pão como a fazê-lo em casa. O desafio do autor é grande, pois ele o convida a lançar-se na arte da panificação com base no fermento natural, o levain. Quanto aos outros ingredientes necessários para preparar as receitas apresentadas neste livro, eles são facilmente encontrados em lojas de produtos para panificação ou confeitaria. Certamente o leitor já dispõe de um forno, mas, caso não queira pôr a mão na massa, talvez deseje adquirir uma batedeira potente. No mais, é só usar e dosar bem os ingredientes — com isso mais da metade do caminho estará feita —, e seguir as orientações das receitas, que foram tão bem ilustradas, passo a passo, através do olhar perspicaz do fotógrafo Massimo Pessina.

Responsável pela qualidade de muitas padarias na França e outras espalhadas pelo mundo, Éric Kayser recebe inúmeros pedidos de pessoas que desejam passar uma noite em sua padaria para fazer pão. Este livro traduz a vontade do autor de satisfazer o desejo de muitos que querem pôr a mão na massa para descobrir, na prática, o que é um excelente pão. "Hoje em dia, as pessoas procuram servir um produto autêntico e nada melhor que um pão que provém da 'verdadeira' panificação para traduzir esse sentimento de autenticidade, ele explica."

Em nome do pão

Venho de uma linhagem de padeiros de origem alsaciana. Minha família se estabeleceu na região de Franche-Comté, mais precisamente em Lure, onde meu pai exercia essa profissão e a transmitiu a mim. Que bons momentos passei com meu pai na boca do forno. Sempre me imaginei seguindo seu ofício, mas de modo um tanto diferente, pois já na infância eu sonhava em viajar. Feliz com seu trabalho, meu pai me passava a ideia de um homem enclausurado em seu mundo... sua padaria. A imagem de um artesão que trabalha o dia todo e parte da noite, sete dias por semana, pode tanto estimular como desencorajar alguém. Fui ousado e escolhi fazer um curso na cidade de Fréjus, na padaria de Gérard Levant. Ali me habituei a sovar, a preparar o fermento e a manejar a pá de forno. Gérard foi um bom professor, ele me ensinou a executar e a amar um trabalho bem-feito. À época não havia restrição de horário para os menores de idade, e com frequência eu começava antes da uma da manhã. Nos dias em que saía para dançar, avisava minha acompanhante que, como Cinderela, eu teria de desaparecer antes da meia-noite. Quando ela me perguntava por quê, eu respondia que era padeiro e o encanto era imediatamente desfeito... Esse é um dos inconvenientes da minha profissão, mas isso nunca me desencorajou.

Aproveitei o serviço militar para me alistar como voluntário no Líbano, junto com os boinas-azuis da Força Interina das Nações Unidas no Líbano (Finul). A experiência reforçou meu desejo de conhecer o mundo. De volta à França, eu me juntei aos Compagnons du Devoir [associação francesa que oferece formação pessoal, cultural e profissional aos jovens, por meio da prática de uma profissão e de viagens]. O aperfeiçoamento das habilidades manuais por meio de viagens foi talhado para mim. A vida em grupo exigia a obediência a numerosas regras. Minha rotina era de dez horas diárias, às quais se somavam cinco ou seis horas de cursos, ora ministrados, ora recebidos, sem falar nas tarefas e deveres a cumprir na comunidade. Viajei por toda a França durante quatro anos e, ao voltar, ganhei o apelido de Determinado.

Conviver com pessoas, dar, receber e partilhar são valores que correm o risco de desaparecer entre os jovens de hoje, que preferem se fechar no quarto para jogar *videogames*. Com meus companheiros, aprendi a me dedicar, a perseverar e a amar um trabalho bem-feito. Essa experiência despertou em mim o desejo de ajudar outros aprendizes a não se perderem pelo mundo, a respeitarem as pessoas e a se fazerem respeitar. Acredito no ser humano. Por mais perdida que uma pessoa esteja, há sempre algo de bom que lhe permitirá reencontrar seu caminho, se tiver algum apoio. Estou muito feliz que a associação tenha passado a receber mulheres, o que não acontecia na minha época. Algumas se tornaram notáveis entalhadoras e padeiras.

Os dirigentes dos Compagnons me pediram para trabalhar nos programas de formação. Na mesma época, eu estava à frente do programa de estágios do Instituto Nacional de Boulangerie-Patisserie (INBP), a grande escola de formação profissional para adultos na França. Esses estágios, que tinham por cenário os Centros de Formação de Aprendizes (CFA), foram transferidos para as padarias. Dispúnhamos de duas ou três noites para mostrar aos padeiros como organizar seu trabalho, sempre com a preocupação de não ferir suscetibilidades. Essa experiência forjou meu caráter. Nessa mesma ocasião, Patrick Castagna, outro formador muito apreciado do INBP, e eu percebemos que os padeiros que haviam abandonado a fermentação natural após a guerra desejavam retomá-la, mas não sabiam como. Isso nos encorajou a montar, juntos, em 1992, a Panis Victor, uma empresa de consultoria em panificação, e a desenvolver uma máquina, batizada de Fermentolevain, capaz de produzir fermentos naturais líquidos. A adoção do levain exigia que os moinhos pudessem nos fornecer farinhas de trigo de variedades antigas, de mais qualidade, que tinham sido deixadas de lado por questões de produtividade. Toda a cadeia que vai do campo à padaria foi posta em questão, além disso, desenvolvemos nosso conceito junto com a empresa sueca Electrolux e sua divisão de panificação. Essa foi mais uma oportunidade de viajar o mundo inteiro para assegurar a produção e o desenvolvimento de nossas máquinas. Já em 1994, a Fermentolevain foi premiada no salão Europain.

Em 13 de setembro de 1996, abri minha primeira loja de pães no número 8 da Rua Monge, em Paris. A lembrança da padaria de meu pai me inspirou em parte. Queria restaurar a imagem da panificação clássica de Épinal, cidade francesa da região sul de Lorraine, com vista para o forno de cozimento feito de tijolos refratários vidrados. Estávamos dispostos a trabalhar duramente para superar o triste cenário de gôndolas de supermercado, com suas baguetes amolecidas, envoltas em celofane transparente. A garantia de qualidade das farinhas, uma fermentação natural, uma sova adequada e um cozimento refinado, sem dúvida, contribuíram para o retorno dos franceses a um pão com aromas complexos e miolo leve. Hoje, viajo muito para abrir novas padarias em outros continentes e ensinar a apreciar o pão francês a povos que não o conheciam. Mas, confesso, sinto falta do contato com o pão, e, com frequência, tenho necessidade de voltar à padaria para sovar massa.

Éric Kayser

Os princípios da panificação

As farinhas

É possível fazer pães excelentes com qualquer tipo de farinha, desde que seja de excelente qualidade. Se você aprecia pães e gosta de prepará-los, ficará tentado a experimentar diferentes farinhas. Para se familiarizar com a experiência da panificação, aconselho que comece pela farinha de trigo do tipo especial.

A farinha de ontem e a de hoje
A qualidade do pão depende, antes de mais nada, da qualidade dos ingredientes e, depois, da maneira como são trabalhados. As crises que agitam o mundo dos agroalimentos nos obrigam a ficar atentos. Após a Segunda Guerra, o cultivo de cereais rendeu-se aos imperativos da lucratividade, deixando de lado as exigências qualitativas e nutricionais. O grande sacrificado foi o grão de trigo, visto que permite obter o melhor rendimento por hectare. Nas décadas de 1970-1980, o pão perdeu seu verdadeiro sabor. Entretanto, a cadeia trigo-farinha-pão acabou por dar o alarme e voltar às origens.

Atualmente, os moinhos franceses apresentam farinhas advindas de variedades antigas de trigo, que tinham sido cultivadas na França no passado, mas foram abandonadas por questões de rendimento. Essas farinhas proporcionam uma bela pigmentação, um excepcional equilíbrio nutricional, além de linda coloração e sabores agradáveis de miolo e crosta. Elas permitem constituir uma rede proteica que retém a pressão gasosa sem resultar em massas borrachudas. A qualidade das proteínas é mais importante do que sua porcentagem (que neste caso é de cerca de 10-12%), e os moinhos franceses têm trabalhado com agricultores que adotaram o cultivo orgânico.

É preciso usar farinhas orgânicas?
A princípio, optei pelas farinhas orgânicas, mas acabei me dando conta de que seu custo era proibitivo, o que desencorajava a clientela. Sem pesticidas e sem inseticidas por definição, a agricultura orgânica levanta a questão de uma possível contaminação advinda de solos vizinhos cultivados de acordo com outras especificações técnicas. O cultivo racional e controlado oferece as vantagens do orgânico sem os seus inconvenientes. Ele é racional porque é possível escolher as matérias-primas a serem utilizadas. É um tipo de agricultura que garante a qualidade dos produtos e o respeito ao meio ambiente, pois usa o bom senso ao cortar inseticidas e pesticidas prejudiciais à saúde, sem eliminá-los por completo, e ao aceitar ter menor rendimento por hectare. Esse é um método menos restritivo e, de certa forma, mais realista.

Que farinha escolher para o pão?
Se você pegar o primeiro pacote de farinha que encontrar na prateleira do supermercado, será difícil conseguir um pão de qualidade. Em geral, a farinha comum é processada com trigo cultivado com pesticidas e inseticidas "balanceados" com a ajuda de ácido ascórbico, de acréscimo de glúten e de aditivos autorizados. Antes de

adquirir, pesquise e leia com atenção o rótulo: pode-se, quando muito, aceitar a presença de enzimas que favoreçam uma fermentação melhor, e nada mais do que isso. A vantagem de se utilizar uma farinha orgânica é poder dispor de informações precisas, que podem ser rastreadas. Assim, você sabe o que está comprando e, ao final, o que está consumindo.

Os tipos de farinha

As farinhas são classificadas por tipo, que indica a maior ou menor presença da parte externa do grão (também chamada farelo), rica em minerais. Para determinar essa taxa, queima-se uma pequena quantidade de farinha a 900 ºC. Como não são combustíveis, os minerais remanescentes ou as cinzas servem para determinar o tipo do produto. A farinha de trigo especial, ou do tipo 00, que recomendo (salvo indicação contrária) e pode ser encontrada em lojas de produtos para panificação ou confeitaria e pela internet, possui teor de cinzas de 0,62-0,75%.

As farinhas menos brancas, cujo teor de cinzas atinge ou ultrapassa 0,75%, são cada vez mais procuradas. Quanto mais integral a farinha, mais ela vai conservar a parte externa do grão de trigo, mas isso não garante que o produto não tenha entrado em contato com pesticidas e inseticidas. Se quiser um tipo de farinha puro, recorra ao produto orgânico. De modo geral, fala-se em tipo para se referir ao trigo mole (ou trigo candial, uma variedade difícil de ser encontrada no Brasil), mas as mesmas categorias existem para outros cereais, como espelta, farro ou centeio.

Falando em outros cereais, ao escolher espelta ou farro, ancestrais do trigo, saiba que será preciso dedicar mais atenção à massa, pois as cadeias proteicas dessas farinhas são muito frágeis.

COMPOSIÇÃO DE UM GRÃO DE TRIGO

Um grão de trigo possui três partes: a amêndoa farinhosa, composta de amido e de glúten (81-83% do grão), o gérmen (2-3%) e as cascas sobrepostas, ricas em fibras e minerais (14-17%). Glicídio lento, o amido desempenha um papel essencial na panificação, na ação das leveduras responsáveis pelo desenvolvimento da massa. O glúten, um conjunto de proteínas, está presente no trigo, na espelta e no Kamut® (trigo virgem), mas também, em menor proporção, no centeio, na aveia e na cevada. O glúten é responsável pela obtenção de uma massa macia, elástica e homogênea. Graças a ele, o pão adquire um miolo leve. Quanto ao gérmen, ele é rico em vitaminas e minerais.

A escolha dos ingredientes

A farinha, o levain, o sal e a água formam os quatro pilares básicos da panificação, mas costumo acrescentar um quinto pilar: a paixão.

A ÁGUA. Utilizamos filtros que purificam a água da torneira. O ideal seria trabalhar com água de fonte natural, mas como ela chegaria até nós? Em garrafas plásticas? Isso seria incoerente. Uma atitude sensata é neutralizar as impurezas da água e do calcário. Para isso, basta instalar um filtro diretamente na torneira ou apelar para uma jarra filtradora.

A quantidade de água indicada nas receitas está sujeita a alteração. A umidade do ar, a qualidade das farinhas e até a sua capacidade, leitor, de trabalhar massas muito hidratadas (portanto, muito grudentas) interferem e, talvez, você precise reduzir ou aumentar a quantidade pedida. Em panificação, tudo é questão de sensibilidade.

O SAL FINO E O SAL MARINHO. Costumo recomendar o sal não refinado, como o sal marinho ou equivalente, que contém bastante iodo. Não refinado significa que o sal se apresenta sob a forma de cristais e conserva todos os seus minerais, como o magnésio. Minha convicção, que não se apoia em prova científica, é que esse tipo de sal favorece a conservação do pão.

O LEVAIN LÍQUIDO. Você verá mais adiante como fazer o levain (fermento natural) e conservá-lo sob refrigeração. Aconselho enfaticamente que o leitor faça essa experiência. É simples, lúdica e apaixonante. E você terá levain em forma líquida para utilizar à vontade.

O LEVAIN SECO. Se não quiser preparar o levain líquido, você poderá recorrer ao levain seco, mas prefira adquiri-lo em casas de produtos naturais. Introduzido na massa com os outros ingredientes, ele reage em contato com a água. Já o fermento biológico fresco (também chamado fermento de padeiro), presente em quantidade nessa mistura, anula parcialmente a ação do levain.

O FERMENTO BIOLÓGICO FRESCO. Também chamado fermento de padeiro, pode ser encontrado tanto em padaria de bairro como em grandes supermercados, em embalagens com tabletes de 15 g até potes de 500 g e coloração creme-escuro. Ele esfarela facilmente e é acrescentado diretamente na mistura de farinha e água, mas nunca deve entrar em contato direto com o sal. Necessita ficar sob refrigeração, entre 4-8 ºC. Nas receitas deste livro, ele acompanha a ação do levain, mas não o substitui.

O FERMENTO BIOLÓGICO SECO. No Brasil, encontramos dois tipos de fermentos biológicos, o que os diferencia é o teor de água na composição. O fermento biológico seco ou fermento seco ativo, encontrado sob a forma de pequenas partículas (grânulos escuros), pode ser adquirido em embalagens que vão de 10 g a 100 g e dispensa refrigeração. O fermento biológico seco deve ser dissolvido em água morna antes de ser utilizado. O fermento biológico seco instantâneo, encontrado em forma de grânulos pequenos, às vezes de areia fina com um tom amarelado claro, pode ser adquirido embalado a vácuo em pacotes de 125 g ou em sachês de 10 g. Ele é misturado diretamente à farinha e à água. Ao utilizá-lo, reduza pela metade a quantidade de fermento biológico fresco indicada na receita.

OUTROS INGREDIENTES. Vários ingredientes podem entrar na composição dos pães: leite, azeite, grãos, nozes, mel, frutas secas, algas, etc. Preocupe-se apenas com sua origem e qualidade. Um pão feito com farinha de qualidade pode ser arruinado pelo acréscimo de ingredientes ruins.

O material

Para se lançar à grande aventura da panificação, não é preciso fazer um grande investimento. Se a sua cozinha já estiver equipada com um simples forno, basta adquirir os ingredientes necessários antes de começar a trabalhar. A sova manual é uma experiência inigualável, que recomendo entusiasticamente. Entretanto, se você prepara massas com certa frequência ou se a massa muito hidratada o desencoraja por ser um tanto grudenta, recomendo adquirir uma batedeira boa e potente. Aqui estão alguns conselhos ao investir em utensílios que poderão facilitar sua tarefa.

A BATEDEIRA PLANETÁRIA. Há várias marcas e modelos no mercado que apresentam diferentes opções de velocidade de sova. Qualquer que seja a sua escolha, certifique-se de que a pá da batedeira atinja a base da tigela, caso contrário a massa corre o risco de não ficar homogênea.

O RASPADOR. Esse é um acessório muito útil quando se prepara a massa à mão. Ele ajuda a retirar a massa da superfície de trabalho e também pode ser usado para retirar a massa da tigela ou da mão (normalmente o padeiro trabalha somente com uma das mãos).

A TIGELA. Todas as receitas deste livro foram concebidas para 500 g de farinha. Se for preparar a massa à mão, escolha uma tigela de tamanho compatível.

A BALANÇA. Um modelo eletrônico ou mecânico é preferível ao de jarra medidora, que não permite dosar quantidades muito pequenas.

O TERMÔMETRO CULINÁRIO. Não é um acessório indispensável, mas permite saber a temperatura da farinha ou da massa e, assim, calcular a temperatura de base (ver p. 20).

OS BANNETONS. São cestos de vime recobertos de tecido, com formas e tamanhos variados. Para as massas muito hidratadas, para deixar a massa descansar ou acomodá-la para o crescimento inicial, pode ser necessário ou mesmo indispensável recorrer a um banneton. Podem ser adquiridos em casas especializadas.

OS PANOS DE PRATO. São indispensáveis para acompanhar o crescimento da massa ou de partes dela. Eles devem ser ligeiramente umedecidos antes de serem estendidos sobre a tigela ou diretamente sobre a massa. Podem ser usados para acomodar porções de massa, desde que enfarinhados, durante o crescimento final ou para revestir uma tigela ou cesta e improvisar um banneton.

AS FÔRMAS. Além do cozimento, em certos casos, recorremos às fôrmas, redondas ou retangulares, para completar o crescimento da massa. Quando quero um determinado formato de pão, as fôrmas são indispensáveis. Atualmente é possível encontrar fôrmas retangulares com tampas corrediças, que são utilizadas tanto durante o crescimento final como para o cozimento. Vale a pena conhecer e adquiri-las em lojas de produtos para panificação ou confeitaria.

O VAPORIZADOR. Na hora de assar o pão, o vapor de água é indispensável para o cozimento. Há uma forma bem simples de criá-lo. Antes de levar o pão ao forno, coloque uma assadeira na grade inferior do forno e verta 50 ml de água dentro. Pode-se também vaporizar os pães com a ajuda de um borrifador antes de colocá-los no forno ou umedecê-los com um pincel.

A PEDRA DE PÃO. Também conhecida como pedra de pizza, ela é instalada sobre uma grade e colocada na parte inferior do forno. A pedra de pão vai reter o calor do forno e transferi-lo ao pão colocado diretamente sobre ela. Para levar o pão ao forno, utilize uma pequena pá de madeira, que pode ser encontrada em lojas de produtos para panificação ou confeitaria.

A LÂMINA COM SUPORTE. Esse acessório é encontrado em lojas de produtos para panificação ou confeitaria e é usado para fazer incisões nos pães. Pode-se utilizar também um estilete ou uma faca bem afiada.

OUTROS UTENSÍLIOS. Alguns materiais têm de entrar na lista do equipamento básico. São eles: o rolo para abrir a massa em certas receitas, a tesoura para entalhar a massa, os pincéis para umedecer e pincelar a massa e também para untar as fôrmas, o timer (eletrônico ou manual) para indicar o término do tempo de crescimento ou de cozimento, a peneira para enfarinhar as massas, a escova para eliminar o excesso de farinha sobre a massa e o papel-manteiga para não precisar untar as bandejas do fundo do forno.

A sova

Pode-se escolher entre trabalhar a massa na batedeira ou à mão. O prazer de se fazer pão em casa advém, sobretudo, de poder sová-lo à mão, o que não se pode fazer na padaria por questões de higiene. Pôr a mão na massa é uma experiência insubstituível para quem deseja aprender a fazer pão, porque o toque transmite informações essenciais sobre o desenvolvimento da massa.

Para cada pão, um tipo de sova

Quer você trabalhe a massa à mão ou utilize a batedeira, a farinha escolhida e a receita vão determinar o modo de sova apropriado: estipule a quantidade de água e o tempo de crescimento em função desses parâmetros e também de seu progresso, leitor, na feitura de pães.

As massas muito hidratadas ficam grudentas e são difíceis de amassar à mão, mas resultam em pães aerados, muito apreciados. Nesse caso, talvez você prefira utilizar uma batedeira. Lembre-se de que em panificação a receita é apenas uma indicação e você pode e deve usar sua sensibilidade. Mesmo que tenha optado pela batedeira, vai ter de utilizar os dedos para avaliar a textura ou a liga da massa, para então decidir que operações realizar. Com ou sem batedeira, as mãos sempre são um indicador precioso.

A temperatura de base

A temperatura de base é uma noção essencial em panificação. A temperatura de uma massa depois de ter sido sovada (em geral, 24-25 ºC) depende da temperatura de base, calculada a partir da soma da temperatura ambiente com a da farinha e a da água. Ter conhecimento da temperatura e respeitá-la permite obter pães de qualidade regular. Para as receitas deste livro, a temperatura de base é de 54-56 ºC para as massas brancas, e de 58-65 ºC para as massas escuras. Evidentemente, você deve levar em conta a temperatura de sua cozinha. Com o tempo você compreenderá que uma diferença de 10 ºC pode ter forte influência no trabalho de panificação. Para simplificar sua tarefa, a temperatura da água está indicada nas receitas. Antes de amassar, avalie rapidamente a temperatura da farinha, a da água e a do ambiente para saber se você está ou não na média ideal.

A sova manual

Inicialmente, faz-se uma cova na farinha e coloca-se a água, o levain líquido, ou o fermento biológico, e o sal, a seguir, tudo é misturado até começar a tomar corpo. Em francês, isso leva o nome de frasage. A sova propriamente dita consiste em amassar, apertar, achatar, dobrar a massa sobre si mesma, esticá-la, recolhê-la e repetir incansavelmente os gestos para arejar a massa e incorporar oxigênio, o que pode levar cerca de dez minutos. Ao final, a massa ganha estrutura, torna-se cada vez mais homogênea e forte. Assim se constitui a cadeia proteica, que permite a retenção do gás carbônico (CO_2), que vai tentar escapar (ver também "A fermentação", p. 24). Quando a receita comporta outros ingredientes (nozes, azeitonas, frutas secas, etc.), eles são acrescentados ao final da sova.

Energia das mãos

Acredito muito na troca de energia pelas mãos no momento da sova. Todos os estudos comparativos que pude fazer ao longo de minha vida de padeiro provaram que a massa dura mais se for sovada à mão e não em uma máquina. Enxergo nisso uma espécie de transmissão de fluidos. O que sentimos no momento em que trabalhamos a massa é transmitido a ela por meio das mãos. Essa é uma crença tão irracional quanto a que nos leva a falar com flores, a abraçar árvores, ou a afirmar que uma pessoa tem "dedos verdes". Talvez existam "mãos da cor do trigo"... Gostaria muito de poder proporcionar à nossa clientela pães sovados à mão, mas esbarramos nas disposições sanitárias, que nos obrigam a eliminar o trabalho manual do processo de panificação.

A sova manual (massas muito hidratadas)

Despeje a farinha sobre a bancada e abra uma cova no centro ❶. Acrescente a água, o levain líquido ❷, o fermento biológico esfarelado e o sal. Misture com uma das mãos ❸ e, com a outra, traga aos poucos a farinha das bordas para o centro. Conforme a cova aumenta, a mistura adquire a consistência de um creme espesso. Acrescente o restante da água aos poucos ❹ e continue a misturar até incorporar toda a farinha ❺ ❻. Segure a massa com as duas mãos. Ela certamente estará grudada na superfície de trabalho. Estique-a ❼ e dobre-a energicamente sobre si mesma para aprisionar o ar ❽. Aperte, achate, afunde e raspe os pedaços que grudarem na bancada. Repita essa operação várias vezes até a massa se tornar macia e homogênea e desgrudar da bancada ou tigela. Enrole a massa entre as mãos para formar uma bola ❾.

A sova manual (massas pouco hidratadas)

A massa de alguns pães pode ser bastante firme desde o início. (Isso depende da quantidade de água, mas também do tipo e da qualidade da farinha.) Raspe os restos de massa da bancada utilizando um raspador 1 e incorpore-os à massa. Segure-a firmemente com uma das mãos 2 e estire-a com a outra 3. Dobre-a sobre si mesma uma ou duas vezes 4, depois achate-a, aperte-a e afunde-a com a palma da mão 5. Torne a estirar 6 e a dobrar a massa. Repita esses movimentos até que a massa se torne macia e homogênea. Enrole-a em seguida sobre ela mesma 7 8 para lhe dar o formato de uma bola 9.

Os princípios da panificação

A sova à máquina

Os ingredientes são incorporados na seguinte ordem: farinha, água, levain, fermento biológico e sal. O sal não deve entrar em contato direto com o levain nem com o fermento biológico. Se preferir, dissolva o sal na água antes de incorporá-lo. A sova começa em velocidade baixa, que corresponde à frasage - o amassamento inicial -, quando os ingredientes são misturados antes da sova propriamente dita, que é feita em alta velocidade.

Um miolo branco e aerado exige uma sova intensa, pois é ela que vai permitir a oxigenação da massa. Uma fermentação de longa duração, ao contrário, exige uma sova lenta e de curta duração. Trabalhando com farinhas orgânicas, evito sovar em excesso, pois, dessa forma, preservam-se os pigmentos carotenoides, que são essenciais para conferir sabor e dar uma coloração caramelada às crostas. É preferível amassar pouco, deixar descansar bastante tempo e trabalhar com pouco ou nenhum fermento. Dizem que para fazer um bom pão são necessárias dez horas. Para um pão insípido, três horas são suficientes.

RECEITA BÁSICA DE PÃO

Em toda receita de pão, para cada 100 medidas de farinha, são necessárias 60 medidas de água, 10-50 medidas de levain líquido ou seco (associadas a 1 ou 2 medidas de fermento biológico) e 2 medidas de sal.

Os princípios da panificação

A fermentação

Coração da panificação, a fermentação depende do desenvolvimento de uma flora natural em uma massa (método da fermentação natural) ou do acréscimo de fermento biológico fresco, chamado fermento de padeiro, ou ainda de uma combinação dos dois. Os padeiros a preparam todos os dias e sabem controlá-la. Trata-se, entretanto, de uma operação físico-química complexa. Compreender bem esses mecanismos assegura que obteremos pães que farão a alegria de sua família e de seus amigos.

O que faz o pão crescer?

Depois de sovada, a massa é posta para crescer sobre uma bancada ou tigela e é coberta por um pano de prato ligeiramente umedecido. Essa primeira fase da fermentação leva o nome de crescimento inicial (ver também p. 30).

Nesse estágio, os microrganismos contidos na farinha - bactérias e fermentos silvestres (para distingui-los do fermento de padeiro) - começam a se multiplicar em função da matéria-prima disponível, essencialmente os açúcares ditos fermentáveis, como a glicose e a maltose. Esses microrganismos degradam os açúcares em um meio privado de oxigênio (meio anaeróbico), produzindo álcool etílico (etanol) e gás carbônico, responsável pelo crescimento da massa.

A capacidade de a massa reter o gás, e portanto inflar e crescer, deve-se à capacidade das proteínas do trigo (o glúten) de formarem, durante a sova, uma rede contínua e elástica.

A fermentação com levain

A fermentação com fermento natural, também conhecido por levain, consiste em manter o equilíbrio entre a ação das bactérias e a ação das leveduras. A dificuldade se deve ao fato de que as bactérias chamadas láticas (produzem o ácido lático) atuam a uma temperatura de cerca de 30 ºC, enquanto a ação das leveduras é otimizada a temperaturas de 22-26 ºC. Em baixa temperatura, entram em jogo outras bactérias, que produzem o ácido acético. Crescendo a uma temperatura insuficiente, um pão de fermentação natural corre o risco de tornar-se ácido. Além da temperatura, outros fatores influem no bom desenvolvimento da fermentação, notadamente a sova e a qualidade dos ingredientes.

O LEVAIN SECO E O LEVAIN LÍQUIDO. Diferenciamos o levain seco e o levain líquido de acordo com a quantidade de água acrescentada à farinha. Um levain líquido é preparado misturando-se 50 g de água a 50 g de farinha, o levain seco leva apenas 30 g de água.

> Todas as receitas propostas neste livro são elaboradas a partir do levain líquido. Essa escolha se deve à simplicidade de sua utilização. No decorrer da sova, ele se incorpora tão facilmente quanto a água. Lembre-se de que o levain líquido deve representar 20-50% do peso da farinha.

Preparo do levain líquido   RENDE CERCA DE 500 G DE LEVAIN LÍQUIDO

140 g de farinha de centeio orgânica, 240 g de água a 30 ºC,
10 g de mel (ou de malte), 100 g de farinha de trigo comum ou especial.

1º DIA. Em uma tigela, misture 20 g de farinha de centeio, 20 g de água e 5 g de mel líquido (ou de malte) [1] [2]. Cubra com um pano de prato e deixe por 24 horas em temperatura ambiente. Se o levain formar uma crosta, misture novamente.

2º DIA. Vão se formar bolhas na superfície. Em uma tigela maior, misture 40 g de farinha de centeio, 40 g de água e 5 g de mel (ou de malte) [3]. Junte a preparação feita no dia anterior. Essa operação é chamada de refrescar o fermento. Cubra novamente com o pano de prato e deixe fermentar por mais 24 horas.

3º DIA. A mistura vai borbulhar enquanto trabalha. Em um recipiente ainda maior, misture 80 g de farinha de centeio e 80 g de água. Junte a preparação feita no segundo dia. Cubra novamente com o pano e deixe fermentar por mais 24 horas [4].

4º DIA. Junte 100 g de farinha de trigo e 100 g de água. Misture. Seu levain está pronto para ser usado. Sua consistência é de uma massa de panqueca espessa. Conserve-o em um pote de vidro, ou uma tigela, que deve ser apenas coberto. O levain líquido não deve ficar em recipiente completamente fechado, pois ele precisa estar sempre em contato com o ar. Se pretende guardá-lo na geladeira por um longo período, feche hermeticamente a embalagem.

Os princípios da panificação

CUIDADOS COM O LEVAIN. Em média, o levain permanece ativo durante os 3 dias que se seguem à última incorporação. Portanto, a cada 3 dias será necessário refrescá-lo, juntando uma combinação de água e farinha equivalente a 50% de seu peso. Por exemplo, se lhe restam 300 g de mistura, acrescente 75 g de farinha e 75 g de água. Lembre-se de que o levain é um organismo vivo e você deve alimentá-lo. Se for passar muitos dias sem fazer pão ou se a temperatura ambiente elevar-se muito, feche o pote hermeticamente e guarde-o na geladeira. Sob refrigeração, ele se conservará por algumas semanas. Lembre-se de que você pode modificar a quantidade inicial de levain dependendo da frequência de uso.

Os métodos preferidos de pré-fermentação

Fazer pão a partir do levain é um dos métodos possíveis de pré-fermentação. A massa é formada com a ajuda de uma preparação destinada a enriquecê-la com uma fonte de bactérias e outros fermentos. Existem outros métodos que desencadeiam o processo de fermentação, mas eles têm como consequência a redução do tempo de crescimento inicial da massa. Em panificação, recorre-se ao levain para controlar melhor o tempo e, sobretudo, para acrescentar qualidade gustativa aos pães.

MÉTODO DA ESPONJA. Em uma batedeira ou tigela comum, misture 500 g de farinha com 500 g de água e 3-4 g de fermento biológico fresco. Jamais acrescente sal nesse estágio, pois ele altera a fermentação. Cubra e leve à geladeira por um período de 10 horas. Ao utilizar essa preparação, no momento de sovar a massa, recomendamos usar 20-50% do peso da farinha. Por exemplo, para 500 g de farinha, junte 100-250 g.

MÉTODO LEVAIN E FERMENTO BIOLÓGICO. Utilize 25% do peso da farinha indicada na receita e hidrate-a a 60% (para 100 g de farinha, 60 g de água). Junte o fermento biológico (calcule 10 g para 1 kg de farinha) e misture. Leve à geladeira por um período de 6-10 horas. No momento de preparar a massa, junte 20-50% dessa mistura (para 500 g de farinha, utilize 100-250 g).

AUTÓLISE. Esse método de pré-fermentação é, na verdade, um processo de mistura. Bata a farinha e a água por 4 minutos na batedeira em velocidade baixa, ou por 5 minutos à mão. Deixe a massa descansar por 1 hora (para melhorar o sabor do pão, pode-se prolongar esse tempo até o máximo de 10 horas). Em seguida, incorpore os outros ingredientes e sove a massa. Essa técnica ajuda o glúten a se desenvolver mais rapidamente e reduz o tempo de sova.

MASSA FERMENTADA. Trata-se de uma massa preparada com fermento biológico. Ela deve ser preparada de véspera e deixada na geladeira durante a noite. Ao utilizá-la calcule 15-30% do peso da farinha. Por exemplo, para 500 g de farinha, junte 75-150 g de massa fermentada no momento da sova.

Prepare o levain a partir de maçãs ou uvas

Você vai precisar de 500 g de maçãs ou de uvas orgânicas. Lave-as e corte-as em pedaços, mantendo a casca. Coloque a fruta em uma tigela coberta com um pano de prato e deixe fermentar em temperatura ambiente por 10 a 15 dias. Recolha o suco das maçãs (ou uvas) obtido. Agregue 200 g desse suco a 300 g de farinha de centeio e deixe a mistura descansar em uma tigela por 24 horas. No dia seguinte, incorpore 100 g de farinha e 100 g de água. Repita a operação no dia subsequente e você conseguirá levain suficiente para desenvolver massas e fazer muitos pães.

O fermento biológico fresco na panificação

Se na Gália já se conhecia a fermentação por meio da levedura de cerveja, cuja primeira menção é do século II a.C., seu uso em panificação oscilou, entre a permissão e a proibição, até o século XIX. Os trabalhos de Pasteur demonstraram que a fermentação gerada pela levedura é obra de microrganismos cuja característica é viver em ambientes sem oxigênio (anaeróbios), que possibilitaram a seleção de fungos e de fermentos. Entre eles, destacamos o *Saccharomyces cerevisiae*, que se tornou aquele que se convencionou chamar de fermento de padeiro.

Na fabricação do pão de fermento biológico, não se permite o tempo necessário para que a microflora selvagem presente na farinha entre em ação, pois introduz-se desde a frasage uma quantidade significativa de *Saccharomyces cerevisiae* (1 g contém 9-10 bilhões de células). Com isso, acelera-se consideravelmente a fermentação alcoólica iniciada, a qual produz grande quantidade de gás carbônico (que favorece a formação de alvéolos no pão) e etanol (que se evapora no cozimento), além de diversos compostos químicos que resultam em diferentes aromas.

Fermento biológico: um auxiliar benéfico do levain

Se o fermento biológico for utilizado na medida certa, não há por que rejeitá-lo. Pães feitos com fermento biológico também apresentam um agradável equilíbrio de sabores. Adiciono uma pequena quantidade à maioria de minhas receitas à base de levain. A dose de fermento biológico deve corresponder à necessidade de ajustar o tempo de fermentação, mas sem diminuí-lo. Quando usado para complementar a fermentação, o fermento biológico pode ser um ingrediente excepcional. Com ele, consegue-se corrigir a acidez acentuada de alguns levains.

Os derivados do pão levedado

Os primeiros fermentos surgiram entre 1850 e 1855. A disponibilidade do fermento biológico encorajou os padeiros a abandonarem o método tradicional do levain, mais restritivo. Eles começaram associando o levain ao fermento biológico para obter pães com miolo menos compacto, mais aerado. Com o fim da Segunda Guerra Mundial, os franceses queriam esquecer o pão preto, denso, indigesto. Os padeiros aproveitaram a ocasião para apresentar um pão de fermentação rápida, bem volumoso, que não exigia preparação prévia. Os consumidores aprovaram e o costume pegou. A tendência foi usar mais fermento biológico, reduzir o tempo de fermentação para aumentar a produtividade e corrigir a falta de sabor com o acréscimo de sal. Como não se conseguia nutrir esses fermentos com farinhas de pouca qualidade, os padeiros começaram a recorrer aos aditivos à base de malte, às amilases (que transformam o amido da farinha em açúcar) e ao ácido ascórbico, que favorece o reforço da rede de glúten. Foi só nos anos 1990 que os profissionais começaram a questionar essa opção.

Os dois tempos da fermentação

O tempo de fermentação se divide entre crescimento inicial, ou fermentação em conjunto (pois a massa ainda não foi dividida), e crescimento final (a massa cortada e dividida em pedaços).

Crescimento inicial

Após a sova, a massa fermenta e deve ficar coberta por um pano de prato ligeiramente úmido, que impedirá que se forme uma crosta sobre ela. A massa repousa, descansa. Ela aumenta de volume sob o efeito do gás carbônico que tenta escapar e é retido pela rede de glúten. Com a ação do levain e da temperatura ambiente elevada, a massa pode dobrar de tamanho. Essa transformação é acompanhada de uma acidificação (ver abaixo).

O crescimento inicial leva 1-3 horas (em certos casos, às vezes mais), dependendo das farinhas utilizadas e da temperatura ambiente. Se você optou pela pré-fermentação (levain, levain e fermento biológico, esponja, autólise ou massa fermentada, ver p. 26), não há necessidade de prolongar esse tempo. Meu conselho é aliar conhecimento técnico e intuição. É importante observar a evolução da massa, mas é igualmente indispensável saber o que acontece durante a fermentação para poder acompanhá-la melhor. Se para uma massa que fermenta a 18 °C for calculado o mesmo tempo de crescimento inicial de

PARA MEDIR A ACIDEZ DA MASSA

O pH, índice que permite medir a acidez de uma preparação, ajuda a avaliar a ação do fermento. No começo do crescimento inicial, o pH deve estar entre 6 e 7 (isso, é claro, vai depender da sova e da quantidade de levain acrescentada). Ao final desse crescimento, um pão clássico atinge um pH de 5 ou 6. A legislação francesa fixou entre 4 e 4,3 o pH do pão levedado com levain. Quanto mais ácido o pão, mais baixo será o seu pH. A obtenção de pH entre 4 e 5 garante riqueza maior de aromas (os especialistas já identificaram cerca de 200) e conservação mais longa. Em lojas de artigos médicos, é possível adquirir indicadores coloridos (indicadores ácido-base) que permitem fazer medições de pH.

Os princípios da panificação

30

Pão quente no café da manhã

Na padaria, geralmente, os pães já moldados são colocados em câmaras de crescimento, a uma temperatura regulada em função do momento em que serão levados ao forno. Isso permite oferecer pão quente a toda hora aos clientes. Para ter diariamente pão quente no café da manhã, basta reproduzir esse método. Como fazer isso? Na véspera, terminado o crescimento inicial, molde os pães por volta das 17h e leve-os à geladeira em um recipiente hermeticamente fechado. Em baixa temperatura (4 ºC), a massa vai trabalhar pouco e se conservará sem problemas por 10-12 horas. No dia seguinte, pela manhã, é só levar ao forno quantos pães você precisar.

uma massa que fermenta a 24 ºC (no primeiro caso, o tempo deveria ser duplicado ou, às vezes, triplicado), a massa não terá oportunidade de chegar à sua maturidade gustativa. O melhor é ter sempre à mão um termômetro digital (à venda em casas especializadas).

Crescimento final

A segunda etapa de fermentação acontece logo depois da modelagem, que é a última intervenção manual – sem contar as incisões feitas antes de levar os pães ao forno. Uma vez modelados, os pães devem descansar novamente sob um pano de prato ligeiramente umedecido, ao abrigo de correntes de ar, para aumentar de volume. A conservação do gás carbônico acumulado no interior do pão é imprescindível para garantir um miolo cheio de alvéolos durante o cozimento. A ocorrência irregular dos alvéolos, assim que se corta o pão, revela a maneira como foi conduzida a fermentação.

Os princípios da panificação
31

A forma

Após o crescimento inicial, a massa é dividida em partes iguais com a ajuda de um cortador de massa, em nossas receitas indicamos o peso de cada parte. Esse é um detalhe importante para obter pães de tamanho uniforme. Na verdade, é uma operação rápida, pois, nesse estágio, trabalha-se a massa o menos possível. Nessa etapa, a forma é determinada pela aparência final dos pães. Assim, para os pães arredondados ou filões curtos e bojudos, dá-se a forma de uma bola às peças de massa. Já para a baguete, a ficelle ou a espiga, ao contrário, achata-se a massa, alongando-a até ficar com formato retangular. A seguir, a massa recebe dobras e é enrolada para depois ser esticada. Após ganhar forma, os pães terão outro tempo de descanso, mais ou menos curto, que precede o cozimento.

Forma de bola

Enrole a massa sobre si mesma 1 2 em uma bancada não enfarinhada. Com a emenda virada para a parte de baixo 3, gire a bola de modo a obter um formato regular e liso 4.

Os princípios da panificação
32

Quando a porção de massa for pequena, segure-a com uma das mãos e role-a 1 2 sobre a bancada não enfarinhada até conseguir uma bola regular 3.

Forma alongada

Achate a porção de massa, esticando-a 1. Enrole a massa 2 3 sobre a bancada não enfarinhada.

A modelagem

A aparência final dos pães depende de uma boa modelagem. Na França temos um variado repertório de formatos de pães, mas aqui mostramos apenas três, nosso intuito foi apresentar as modelagens mais utilizadas na fabricação de pães franceses.

CONGELAR AS PEÇAS
É possível congelar as peças de massa logo depois de serem modeladas. Antes de iniciar o segundo tempo de fermentação, deixe os pães descongelarem em temperatura ambiente e só então faça as incisões e leve-os ao forno.

Modelar em formato de bola

Achate delicadamente a bola de massa com a palma da mão **1**. Dobre as bordas para o centro, primeiro de um lado e depois do outro - as duas partes devem se encontrar no centro da peça **2 3** -, e pressione-as firmemente, mas sem forçá-las. Vire a massa para a emenda ficar na parte de baixo **4**. Em seguida, role-a entre as mãos, pressionando-a ligeiramente contra a bancada **5** para obter uma bola bem regular **6**.

Os princípios da panificação

Em alguns casos, aproveita-se o formato de bola **1**, e não é preciso achatar a massa: basta girá-la entre as mãos **2**, pressionando-a delicadamente contra a bancada **3**.

Modelar em formato de filão e bisnaga

Achate delicadamente a bola de massa com a mão, alongando-a. Dobre um terço da borda que está do seu lado para o centro e pressione-a com a ponta dos dedos **1**. Gire a massa 180° e faça o mesmo **2**, mas dessa vez dobre um pouco mais de um terço e pressione novamente **3**. Em seguida, dobre-a ao meio, no sentido do comprimento, una as bordas e aperte com a ponta dos dedos para selar as duas espessuras **4**. Enrole a massa para obter a forma oval e bojuda de um filão **5** ou a forma mais afilada de uma bisnaga **6**.

Os princípios da panificação

Modelar em formato de baguete

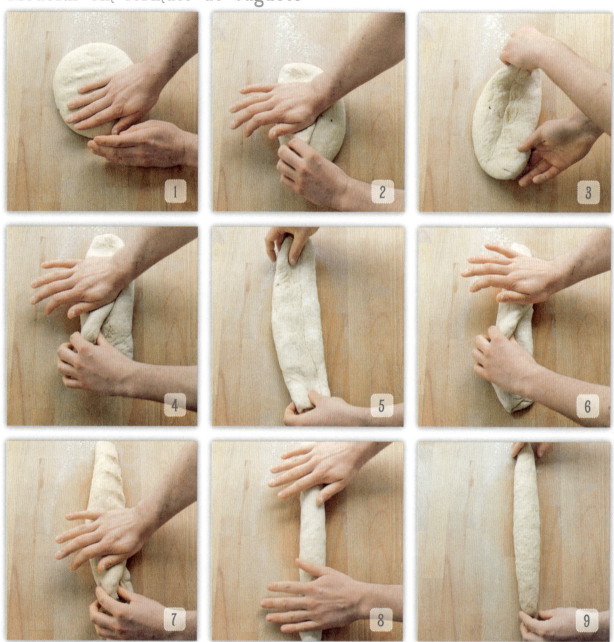

Achate delicadamente a bola de massa com a palma da mão **1**. Dobre um terço da borda para o centro e pressione-a com a base da mão **2** ou com os dedos. Gire a peça 180º **3**, dobre a borda um pouco mais de um terço para o centro e pressione novamente **4**. Em seguida, dobre-a ao meio, no sentido do comprimento **5**, junte as bordas, pressionando com a base da mão **6 7**. Enrole a massa até obter a forma alongada de uma baguete **8** e afine ou arredonde as pontas **9**.

As incisões

Na hora do cozimento, a água transformada em vapor assim como o gás carbônico acumulado durante a fermentação e retido pela rede de glúten buscam escapar. Por isso, na última etapa de crescimento dos pães, e para melhorar seu desenvolvimento, é indispensável fazer aberturas nas peças. Essas aberturas nada mais são do que incisões leves e pouco profundas (não mais que 5 mm) na massa.

Incisões, entalhes, fendas

O que os leigos chamam de cortes, os padeiros denominam incisões, fendas ou entalhes sobre os pães. Estes podem ser comparados a respiradouros e são feitos com a ajuda de uma lâmina afiada montada em um suporte ou, ainda, de um estilete. A profundidade das incisões depende do grau de fermentação da massa: quanto mais desenvolvida a massa, menos profundas devem ser as incisões. Em geral, elas são feitas imediatamente antes de os pães serem levados ao forno.

Vejamos, em detalhes, as dez incisões mais empregadas na panificação francesa.

Incisão em cruz

Incisão quadrada

Incisão em losangos

Incisão pithiviers

Incisão única

Duas incisões

Incisões inclinadas de quatro fendas

Os princípios da panificação

Incisões inclinadas

Incisão em chevrons

Incisão em porco-espinho (incisões feitas com tesoura especial)

O cozimento e a conservação do pão

Com alguns cuidados, mesmo usando o forno doméstico, é possível obter pães com excelente cozimento. Todos os pães deste livro foram testados nesse tipo de forno. A diferença em relação aos produtos de uma padaria é, geralmente, muito pequena: espessura e tom da crosta, resultado das incisões feitas com a lâmina. Estas, no entanto, não são tão desanimadoras, a ponto de você desistir de fazer pães em sua casa.

O forno

Os melhores resultados são obtidos com um forno de convecção, com sistema de calor circulante, sobretudo em cozimentos de longa duração. A recomendação mais importante é esperar que o forno tenha atingido a temperatura indicada antes de levar o pão para assar, caso contrário, os cortes de lâmina não se desenvolverão.

O cozimento simultâneo em duas assadeiras

Quando há muitos pães para assar, use duas assadeiras. Em um forno tradicional (sem o sistema de calor circulante), será preciso trocar as assadeiras de lugar na metade do tempo de cozimento, para que ocorra de modo uniforme.

O cozimento sobre pedra

Pode-se adquirir uma pedra de pão, também conhecida como pedra de pizza. Instalada sobre uma grade na parte inferior do forno, a pedra é preaquecida durante uma hora, desse modo, ela reterá o calor e o transmitirá ao pão quando ele for levado ao forno. As incisões sobre o pão vão melhorar o cozimento. Para levar o pão ao forno e retirá-lo com segurança, deve-se utilizar uma pequena pá de madeira.

O golpe de vapor

Quando o pão é levado para assar, é essencial que o forno esteja saturado de vapor de água. O vapor forma uma camada protetora que retarda o ressecamento da massa e, ao mesmo tempo, favorece o desenvolvimento da massa e ajuda a criar uma crosta de cores e sabores sutis. A melhor solução é colocar uma assadeira na grade do forno no momento do preaquecimento. Imediatamente antes de levar o pão ao forno, despeje na assadeira aquecida 50 ml de água. Outra opção é umedecê-lo com a ajuda de um pincel ou utilizar vaporizador.

A transpiração

Ao retirar os pães do forno, coloque-os sobre uma grade para esfriarem. O vapor que sai do pão faz com que ele perca água, o que diminui seu peso em até 2%.

A conservação

Os pães compridos, de miolo muito alveolado e crosta fina, perdem seu frescor mais depressa que os grandes pães redondos, cujo miolo denso e compacto evita que eles ressequem rapidamente. De maneira geral, a fermentação com levain garante a conservação por vários dias sem grandes prejuízos. A título de informação, saiba que uma baguete bem panificada conserva-se entre 8 e 10 horas. Qualquer que seja o tipo de pão, é melhor mantê-lo em sacos de papel, de linho ou de algodão (em sacos plásticos, nunca) e guardá-lo em local seco (a geladeira não é um local apropriado).

Aprendendo com os erros

Talvez você encontre alguns dissabores ao lançar-se na arte da panificação. Lembre-se de que mais do que seguir receitas, essa atividade depende da intuição e da observação do desenvolvimento da massa e dos pães modelados. A boa notícia é que os erros cometidos jamais se repetirão, pois a massa nunca será exatamente a mesma. Cabe a você analisá-los, corrigi-los e perceber seu lado positivo: os erros nos fazem progredir e compreender melhor o que acontece em cada etapa da fabricação de pães. Para ajudá-lo, listamos alguns problemas que podem surgir nos diferentes estágios da panificação e as possíveis causas.

As incisões feitas com a lâmina não se abriram. Parte do gás carbônico não encontrou saída através das incisões e escapou pela fissura que está visível no lado esquerdo do pão.

Massa grudenta
> Excesso de hidratação (muita água na massa)
> Água muito quente
> Sova inadequada

Pães achatados
> Problema proveniente da farinha
> Falta de reatividade do levain
> Massa muito fria
> Massa muito firme ou muito mole
> Tempo do crescimento final insuficiente ou longo demais
> Temperatura do forno muita baixa ou muito alta

Pães pequenos
> Farinha com muita força
> Falta de reatividade do levain
> Massa muito fria
> Tempo do crescimento final insuficiente ou longo demais
> Massa muito trabalhada (excesso de força)
> Porções de massa com crosta
> Incisão inadequada dos pães
> Temperatura do forno muito baixa ou muito alta
> Falta de vapor no momento de levar ao forno

Os princípios da panificação

Miolo compacto e não alveolado

> Tempo de crescimento inicial ou final insuficiente
> Massa muito trabalhada (massa muito firme)
> Incisão inadequada dos pães
> Temperatura do forno muito baixa ou muito alta
> Ausência de vapor no momento de levar ao forno

Incisões fechadas (parecem ter desaparecido durante o cozimento)

> Sova inadequada
> Massa muito trabalhada (massa muito firme)
> Modelagem insuficiente (massa muito mole)
> Peças de massa muito desenvolvidas
> Pães com incisões muito superficiais
> Temperatura do forno muito elevada
> Excesso de vapor

Crosta muito pálida

> Baixa qualidade da(s) farinha(s)
> Excesso de fermentação
> Massa muito trabalhada na sova e/ou na modelagem
> Temperatura do forno muito baixa
> Tempo de cozimento muito curto
> Ausência de vapor no momento de levar ao forno

Crosta opaca

> Faltou sal
> Massa muito trabalhada
> Massa muito quente
> Ausência de vapor no momento de levar ao forno

O brioche, já colocado na fôrma, passou por um tempo de crescimento final muito longo, por isso desabou assim que as incisões foram feitas.

Crosta pouco firme

> Massa fria
> Peças de massa insuficientemente modeladas
> Excesso de vapor no momento de levar ao forno
> Tempo de cozimento insuficiente
> Transpiração efetuada em más condições

Baguetes curvadas

> Excesso de sova (massa muito firme)
> Excesso de modelagem (massa muito trabalhada, muito compacta)
> Temperatura do forno muito elevada

Pães tostados (e o fundo um tanto queimado)

> Temperatura do forno muito elevada
> Assadeira na parte mais baixa do forno

Os princípios da panificação

Os pães tradicionais

Pão redondo

TEMPO DE PREPARO
sova 10min
crescimento inicial 1h30
crescimento final 2h
cozimento 40-45min

Para 1 pão de cerca de 920 g
500 g de farinha de trigo especial
350 g de água a 20 ºC
100 g de levain líquido
(ou 25 g de levain seco)
2 g de fermento biológico fresco
10 g de sal

> **SOVA À MÁQUINA** Na tigela da batedeira, junte a farinha, a água, o levain líquido (ou seco), o fermento biológico e o sal. Bata por 4 minutos em velocidade baixa; a seguir, por mais 6 minutos em velocidade alta.

> **SOVA MANUAL** Em uma bancada ou tigela, despeje a farinha e abra uma cova grande no centro. Junte a metade da água, o levain líquido (ou seco), o fermento biológico esfarelado e o sal. Misture, acrescente o restante da água e amasse até incorporar toda a farinha. Sove a massa **1** até ficar macia e homogênea.

> Forme uma bola com a massa e cubra com um pano de prato levemente umedecido. Deixe descansar por 1h30. Ao final do tempo indicado, a massa terá dobrado de tamanho **2**.

> Para dar o formato final. Enfarinhe levemente a bancada. Achate a bola de massa com a base da mão, espalhando-a. Dobre as bordas para o centro **3** e pressione ligeiramente. Vire a massa para a emenda ficar na parte de baixo. Role-a entre as mãos, pressionando-a levemente na bancada, até obter uma bola regular e lisa. Acomode o pão, com a emenda virada para baixo, dentro de um banneton enfarinhado. Cubra com um pano de prato levemente umedecido e deixe crescer por 2 horas.

> Coloque uma assadeira na grade inferior do forno. Preaqueça o forno a 230 °C. Transfira o pão para uma assadeira forrada com papel-manteiga e faça incisões formando losangos (ver p. 39). Imediatamente antes de levar ao forno, despeje 50 ml de água na assadeira aquecida. Deixe o pão assar por 40-45 minutos.

> Retire o pão do forno e deixe-o sobre uma grade até esfriar.

Bâtard

⊙⊙ TEMPO DE PREPARO ⊙⊙
sova 10min
crescimento inicial 1h30
descanso 30min
crescimento final 1h30
cozimento 20min

Para 3 pães de cerca de 300 g
500 g de farinha de trigo especial
330 g de água a 20 ºC
100 g de levain líquido
(ou 25 g de levain seco)
3 g de fermento biológico fresco
10 g de sal

> **SOVA À MÁQUINA** Na tigela da batedeira, junte a farinha, a água, o levain líquido (ou seco), o fermento biológico e o sal. Bata por 4 minutos em velocidade baixa; depois, por mais 6 minutos em velocidade alta.

> **SOVA MANUAL** Em uma bancada ou tigela, despeje a farinha e abra uma cova grande no centro. Junte metade da água, o levain líquido (ou seco), o fermento biológico esfarelado e o sal e misture. Acrescente o restante da água e amasse até incorporar toda a farinha. Sove a massa até ficar macia e homogênea.

> Forme uma bola com a massa e cubra com um pano de prato ligeiramente umedecido. Deixe crescer por 1h30. Ao final do tempo indicado, a massa terá dobrado de tamanho.

> Enfarinhe a bancada. Divida a massa em três porções iguais (cerca de 300 g cada) e forme três bolas. Cubra com um pano de prato e deixe descansar por 30 minutos.

> Para dar o formato final, achate delicadamente uma bola de massa com a base da mão, espalhando-a para alongá-la. Dobre um terço da borda da massa sobre ela mesma e pressione com os dedos. Dobre a borda oposta, dessa vez um pouco mais de um terço, e pressione novamente. Em seguida, dobre a massa ao meio no sentido do comprimento e pressione as bordas com a base da mão. Enrole a massa com as mãos para obter um filão bojudo com pontas arredondadas. Modele os outros pães.

> Acomode os pães, com as emendas viradas para baixo, sobre uma assadeira forrada com papel-manteiga. Cubra com um pano de prato ligeiramente umedecido e deixe crescer por 1h30.

> Coloque uma assadeira na grade inferior do forno. Preaqueça o forno a 230 ºC. Faça uma incisão de ponta a ponta no sentido do comprimento. Antes de levar ao forno, despeje 50 ml de água na assadeira aquecida. Asse por cerca de 20 minutos.

> Retire os pães do forno e deixe-os sobre uma grade até esfriarem.

Baguete

☺☺ **TEMPO DE PREPARO** ☺☺

sova 15min
pré-fermentação (autólise) 1h
crescimento inicial 1h30
descanso 30min
crescimento final 1h40
cozimento 20min

Para 3 baguetes de cerca de 300 g

500 g de farinha de trigo especial
325 g de água a 20 °C
100 g de levain líquido
(ou 25 g de levain seco)
3 g de fermento biológico fresco
10 g de sal

> **SOVA À MÁQUINA** Na tigela da batedeira, junte a farinha e a água. Bata por 4 minutos em velocidade baixa. Retire a tigela da batedeira e cubra com um pano de prato umedecido e deixe descansar por 1 hora. Passado esse tempo, adicione o levain líquido (ou seco), o fermento biológico e o sal. Bata por 4 minutos em velocidade baixa; depois, por mais 7 minutos em velocidade alta.

> **SOVA MANUAL** Em uma bancada ou tigela, despeje a farinha e abra uma cova grande no centro. Junte dois terços da água e misture até incorporar toda a farinha. Cubra com um pano de prato umedecido e deixe descansar por 1 hora. Passado esse tempo, acrescente o restante da água, o levain líquido (ou seco), o fermento biológico esfarelado e o sal. Amasse até incorporar todos os ingredientes. A massa deve ficar macia e homogênea.

> Forme uma bola com a massa. Cubra com um pano de prato ligeiramente umedecido e deixe crescer por 1h30. Ao final do tempo indicado, a massa terá dobrado de tamanho.

> Enfarinhe a bancada. Divida a massa em três porções iguais (cerca de 300 g cada). Enrole-as com as mãos, alongando-as um pouco. Cubra com um pano de prato levemente umedecido e deixe descansar por 30 minutos.

> Para dar o formato final, achate delicadamente a massa com a base da mão, espalhando-a para alongá-la. Dobre um terço da borda para o centro e pressione com a ponta dos dedos **1**. Dobre do lado oposto, dessa vez um pouco mais de um terço, e pressione novamente. Em seguida, dobre a massa ao meio, no sentido do comprimento, e una as bordas com a base da mão **2**. Enrole a massa com as mãos para obter uma baguete (55 cm de comprimento) com pontas afiladas **3**. Modele os outros pães.

> Acomode as baguetes, com as emendas viradas para baixo, sobre um pano de prato enfarinhado. Faça pregas no tecido que sobrou entre as baguetes (isso vai evitar que elas grudem umas nas outras). Cubra com um pano de prato ligeiramente umedecido e deixe crescer por 1h40. Ao final do tempo indicado, as baguetes terão dobrado de tamanho **4**.

> Coloque uma assadeira na grade inferior do forno. Preaqueça o forno a 230 °C.

> Transfira, delicadamente, as baguetes para uma assadeira forrada com papel-manteiga. Peneire farinha sobre elas e faça quatro incisões inclinadas equidistantes **5**. Imediatamente antes de levar ao forno, despeje 50 ml de água na assadeira aquecida. Asse por 20 minutos.

> Retire as baguetes do forno e deixe-as sobre uma grade até esfriarem.

Polka

⊙⊙ TEMPO DE PREPARO ⊙⊙
sova 16min
pré-fermentação (autólise) 1h
crescimento inicial 1h30
descanso 30min
crescimento final 1h30
cozimento 25min

Para 2 pães de cerca de 460 g
500 g de farinha de trigo especial
325 g de água a 20 ºC
100 g de levain líquido
(ou 25 g de levain seco)
3 g de fermento biológico fresco
10 g de sal

> **SOVA À MÁQUINA** Na tigela da batedeira, junte a farinha e a água. Bata por 5 minutos em velocidade baixa. Retire a tigela da batedeira e cubra-a com um pano de prato ligeiramente umedecido. Deixe descansar por 1 hora. Passado esse tempo, adicione o levain líquido (ou seco), o fermento biológico e o sal. Bata por 4 minutos em velocidade baixa; depois, por mais 7 minutos em velocidade alta.

> **SOVA MANUAL** Em uma bancada ou tigela, despeje a farinha e abra uma cova grande no centro. Junte dois terços da água e misture até incorporar toda a farinha. Cubra com um pano de prato levemente umedecido e deixe descansar por 1 hora. Passado esse tempo, acrescente o restante da água, o levain líquido (ou seco), o fermento biológico esfarelado e o sal. Incorpore os ingredientes e, a seguir, sove a massa até ficar macia e homogênea.

> Forme uma bola com a massa. Cubra com um pano de prato ligeiramente umedecido e deixe crescer por 1h30. Ao final do tempo indicado, a massa terá dobrado de tamanho.

> Enfarinhe levemente a bancada. Divida a massa em duas porções iguais (cerca de 460 g cada). Enrole a massa com as mãos, alongando-a um pouco. Cubra com um pano de prato e deixe descansar por 30 minutos.

> Para dar o formato final, achate delicadamente a massa com a palma da mão, espalhando-a para alongá-la **1**. Dobre um terço da borda da massa sobre ela mesma, no sentido do comprimento, e pressione com a base da mão **2**. Dobre do

Os pães tradicionais

lado oposto, dessa vez um pouco mais de um terço, e pressione novamente. Em seguida, dobre ao meio, no sentido do comprimento, e una as bordas com a base da mão. Enrole a massa para obter um filão (cerca de 50 cm de comprimento) com pontas afiladas. Modele o outro pão.

> Coloque as polkas com as emendas viradas para baixo em uma assadeira forrada com papel-manteiga. Polvilhe-as com farinha de trigo 3. Em seguida, com a ajuda de uma prancha de madeira, achate os pães 4. Cubra com um pano de prato ligeiramente umedecido e deixe crescer por 1h30.

> Coloque uma assadeira na grade inferior do forno. Preaqueça o forno a 230 °C. Faça incisões na superfície das polkas, formando losangos 5 6. Imediatamente antes de levar ao forno, despeje 50 ml de água na assadeira aquecida. Asse por 25 minutos.

> Retire as polkas do forno e deixe-as sobre uma grade até esfriarem.

Pães fantasia:
espiga, ficelle e trança

⏱ TEMPO DE PREPARO ⏱

sova 16min
pré-fermentação (autólise) 1h
crescimento inicial 1h30
descanso 30min
crescimento final 1h30
cozimento 12-13min ou 20min, de acordo com o pão escolhido

Para 3 ficelles e 3 espigas de 155 g ou 3 tranças de cerca de 310 g

500 g de farinha de trigo especial
325 g de água a 20 °C
100 g de levain líquido
(ou 25 g de levain seco)
3 g de fermento biológico fresco
10 g de sal

> **SOVA À MÁQUINA** Na tigela da batedeira, junte a farinha e a água. Bata por 5 minutos em velocidade baixa. Retire a tigela da batedeira e cubra com um pano de prato levemente umedecido. Deixe descansar por 1 hora. Passado esse tempo, adicione o levain líquido (ou seco), o fermento biológico e o sal. Bata por 4 minutos em velocidade baixa; depois, por mais 7 minutos em velocidade alta.

> **SOVA MANUAL** Em uma bancada ou tigela, despeje a farinha e abra uma cova grande no centro. Junte dois terços da água e misture até incorporar toda a farinha. Cubra com um pano de prato ligeiramente umedecido e deixe descansar por 1 hora. Passado esse tempo, acrescente o restante da água, o levain líquido (ou seco), o fermento biológico esfarelado e o sal. Incorpore os ingredientes e sove a massa até ficar macia e homogênea.

> Forme uma bola com a massa. Cubra com um pano de prato e deixe crescer por 1h30. Ao final do tempo indicado, a massa terá dobrado de tamanho.

> Enfarinhe a bancada. Para fazer 3 ficelles e 3 espigas, divida a massa em seis porções iguais (cerca de 155 g cada). Enrole-as com as mãos, alongando-as levemente. Cubra com um pano de prato e deixe descansar por 30 minutos.

> Achate delicadamente uma das porções de massa com a palma da mão, espalhando-a para alongá-la. Dobre um terço da borda da massa sobre ela mesma e pressione com a ponta dos dedos. Dobre-a do lado oposto e pressione novamente. Em seguida, dobre-a ao meio, no sentido do comprimento, e pressione as bordas com a base da mão. Enrole a massa com as mãos, alongando-a até formar um filão fino (cerca de 50-55 cm de comprimento) com pontas afiladas. Faça o mesmo com as outras porções de massa.

> Para modelar as espigas, siga as instruções da página ao lado; para as ficelles, as instruções da p. 60; para as tranças, as instruções da p. 61.

Os pães tradicionais

espiga

› Acomode os filões de massa, com as emendas viradas para baixo, sobre uma assadeira forrada com papel-manteiga. Cubra com um pano de prato ligeiramente umedecido e deixe crescer por 1h30.

› Coloque uma assadeira na grade inferior do forno. Preaqueça o forno a 230 °C.

› Para dar o formato final, use uma tesoura com as pontas levemente enfarinhadas para não grudarem na massa. Faça cinco cortes equidistantes, sem separar as porções, para obter seis grãos de espiga. Desloque as pequenas porções alternadamente, para a direita e para a esquerda.

› Imediatamente antes de levar ao forno, despeje 50 ml de água na assadeira aquecida. Asse por cerca de 20 minutos. Retire as espigas do forno e deixe-as sobre uma grade até esfriarem.

Os pães tradicionais

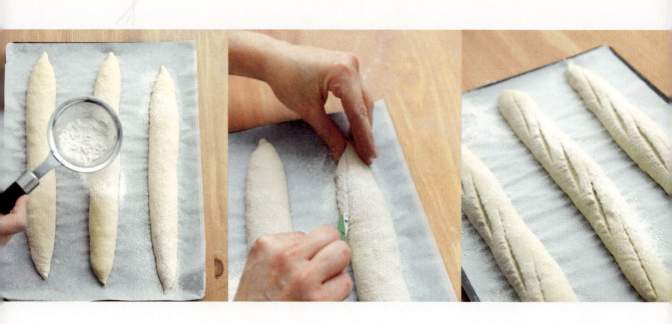

ficelle

> Acomode os filões, com as emendas viradas para baixo, sobre uma assadeira forrada com papel-manteiga. Cubra com um pano de prato ligeiramente umedecido e deixe crescer por 1h30.

> Coloque uma assadeira na grade inferior do forno. Preaqueça o forno a 230 °C. Polvilhe as ficelles com farinha e faça quatro ou cinco incisões inclinadas.

> Imediatamente antes de levar ao forno, despeje 50 ml de água na assadeira aquecida. Asse por 12-13 minutos. Retire as ficelles do forno e deixe-as sobre uma grade até esfriarem.

Os pães tradicionais

trança

> Ao final do tempo de crescimento inicial, divida a massa em nove porções iguais (cerca de 105 g cada). Com a mão em concha, role cada pedaço de massa sobre a bancada, para formar bolas regulares e lisas. Cubra com um pano de prato e deixe descansar por 30 minutos.

> Para dar o formato final às tranças, enfarinhe a bancada e achate delicadamente uma bola de massa com a palma da mão, espalhando-a para alongá-la. Dobre um terço da borda sobre ela mesma e pressione com os dedos. Dobre do lado oposto, dessa vez um pouco mais de um terço da borda, e pressione novamente. Em seguida, dobre a massa ao meio, no sentido do comprimento, e una as bordas com a base da mão. Enrole a massa com as mãos até obter uma corda com 30 cm de comprimento e cerca de 1,5 cm de diâmetro. Afine as pontas e reserve. Faça o mesmo com as outras bolas de massa.

> Pegue duas cordas de massa e forme um V invertido. Sobreponha entre elas outra corda e pressione as três pontas. Trance as cordas de massa. Ao terminar, pressione firmemente as três pontas. Modele a outra trança.

> Acomode as tranças em uma assadeira forrada com papel--manteiga. Cubra com um pano de prato ligeiramente umedecido e deixe crescer por 1h30.

> Coloque uma assadeira na grade inferior do forno. Preaqueça o forno a 230 °C. Imediatamente antes de levar ao forno, despeje 50 ml de água na assadeira aquecida. Asse por cerca de 20 minutos. Retire as tranças do forno e deixe-as sobre uma grade até esfriarem.

Os pães tradicionais

Gâche

TEMPO DE PREPARO
sova 10min
crescimento inicial 1h30
descanso 30min
crescimento final 1h30
cozimento 18min

Para 3 pães de cerca de 300 g
500 g de farinha de trigo especial
350 g de água a 20 °C
100 g de levain líquido
(ou 25 g de levain seco)
3 g de fermento biológico fresco
10 g de sal

> **SOVA À MÁQUINA** Na tigela da batedeira, junte a farinha, a água, o levain líquido (ou seco), o fermento biológico e o sal. Bata por 4 minutos em velocidade baixa; depois, por mais 6 minutos em velocidade alta.

> **SOVA MANUAL** Em uma bancada ou tigela, despeje a farinha e abra uma cova grande no centro. Junte metade da água, o levain líquido (ou seco), o fermento biológico esfarelado e o sal. Acrescente o restante da água e amasse até incorporar toda a farinha. Sove a massa até ficar macia e homogênea.

> Forme uma bola de massa e cubra com um pano de prato ligeiramente umedecido. Deixe crescer por 1h30. Ao final do tempo indicado, a massa terá dobrado de tamanho.

> Enfarinhe a bancada. Divida a massa em três porções iguais (cerca de 300 g cada) e forme três bolas. Cubra com um pano de prato e deixe descansar por 30 minutos.

> Para dar o formato final, achate delicadamente uma bola de massa até obter um círculo com cerca de 15 cm de diâmetro. Coloque-a sobre um pano de prato enfarinhado, com as emendas viradas para baixo, e cubra com outro pano de prato. Faça o mesmo com as outras bolas de massa. Deixe crescer por 1h30.

> Coloque uma assadeira na grade inferior do forno. Preaqueça o forno a 230 °C. Coloque o pão, com as emendas viradas para baixo, em uma assadeira forrada com papel-manteiga. Faça quatro incisões formando um quadrado (ver p. 39). Imediatamente antes de levar ao forno, despeje 50 ml de água na assadeira aquecida. Asse por 18 minutos.

> Retire os pães do forno e deixe-os sobre uma grade até esfriarem.

Filão

◐◐ TEMPO DE PREPARO ◐◐

sova 16min
pré-fermentação (autólise) 1h
crescimento inicial 1h15
descanso 30min
crescimento final 2h
cozimento 35min

Para 2 pães de cerca de 460 g

500 g de farinha de trigo especial
330 g de água a 20 ºC
100 g de levain líquido
(ou 25 g de levain seco)
3 g de fermento biológico fresco
10 g de sal

> **SOVA À MÁQUINA** Na tigela da batedeira, junte a farinha e a água. Bata por 5 minutos em velocidade baixa. Retire a tigela da batedeira e cubra com um pano de prato levemente umedecido. Deixe descansar por 1 hora. Passado esse tempo, acrescente o levain líquido (ou seco), o fermento biológico e o sal. Bata por 4 minutos em velocidade baixa; depois, por mais 7 minutos em velocidade alta.

> **SOVA MANUAL** Em uma bancada ou tigela, despeje a farinha e abra uma cova grande no centro. Junte a água e misture até incorporar toda a farinha. Cubra com um pano de prato ligeiramente umedecido e deixe descansar por 1 hora. Passado esse tempo, acrescente o levain líquido (ou seco), o fermento biológico esfarelado e o sal. Incorpore os ingredientes e sove a massa até ficar macia e homogênea.

> Forme uma bola de massa e cubra com um pano de prato. Deixe crescer por 1h15. Ao final do tempo indicado, a massa terá dobrado de tamanho.

> Enfarinhe a bancada. Divida a massa em duas porções (cerca de 460 g cada) e enrole-as, alongando-as levemente. Cubra com um pano de prato e deixe descansar por 30 minutos.

> Para dar o formato final, achate delicadamente uma porção de massa com a base da mão, espalhando-a para alongá-la. Dobre um terço da borda da massa para o centro **1** e pressione com a base da mão. Dobre mais uma vez do lado oposto **2**, dessa vez um pouco mais de um terço, e pressione novamente. Em seguida, dobre ao meio, no sentido do comprimento, e una as bordas com a base da mão **3**. Enrole a massa com as mãos até obter um filão (50 cm de comprimento) **4** com pontas arredondadas. Modele o outro pão.

> Acomode os filões, com as emendas viradas para baixo, em uma assadeira forrada com papel-manteiga. Cubra com um pano de prato ligeiramente umedecido e deixe crescer por 2 horas.

> Coloque uma assadeira na grade inferior do forno. Preaqueça o forno a 230 °C. Faça três incisões inclinadas em cada pão **5**. Imediatamente antes de levar ao forno, despeje 50 ml de água na assadeira aquecida. Asse por 35 minutos.

> Retire os filões do forno e deixe-os sobre uma grade até esfriarem.

Pão rústico

○○ TEMPO DE PREPARO ○○
sova 9min
crescimento inicial 1h30
descanso 30min
crescimento final 1h30
cozimento 25min

Para 3 pães de cerca de 300 g

400 g de farinha de trigo especial ✦ 100 g de farinha de trigo-
-sarraceno ✦ 3 g de malte torrado (opcional, encontrado em lojas de
produtos para cervejas artesanais ou pela internet) ✦ 300 g de água
a 20 ºC ✦ 100 g de levain líquido (ou 25 g de levain seco) ✦ 2 g de
fermento biológico fresco ✦ 10 g de sal

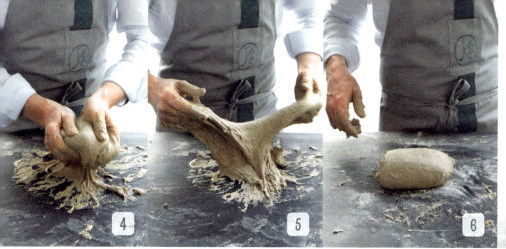

> **SOVA À MÁQUINA** Na tigela da batedeira, coloque as duas farinhas, o mate torrado, a água, o levain líquido (ou seco), o fermento biológico e o sal. Bata por 4 minutos em velocidade baixa; depois, por mais 5 minutos em velocidade alta.

> **SOVA MANUAL** Em uma bancada, misture as duas farinhas e o malte torrado **1**. Abra uma cova grande no centro. Aos poucos, junte metade da água **2** com o levain líquido (ou seco), o fermento biológico esfarelado e o sal. Misture e acrescente o restante da água. Amasse até incorporar toda a farinha **3**. Sove a massa: achate-a, estique-a e dobre-a sobre si mesma repetidas vezes **4** **5**, até ficar macia e homogênea **6**.

> Forme uma bola de massa e cubra com um pano de prato levemente umedecido. Deixe crescer por 1h30.

> Enfarinhe a bancada. Divida a massa em três porções iguais (cerca de 300 g cada) **7**. Enrole cada porção, alongando-as **8**. Cubra com um pano de prato e deixe descansar por 30 minutos.

> Para dar o formato final, achate delicadamente a massa com a base da mão. Dobre um terço da borda para o centro e pressione com a base da mão. Dobre do lado oposto, dessa vez um pouco mais de um terço, sobrepondo à primeira dobra, e pressione novamente. Em seguida, dobre a massa ao meio, no sentido do comprimento, e una as bordas com a base da mão. Enrole a massa com as mãos, para obter um filão curto e achatado. Modele os outros pães.

> Coloque a massa, com as emendas viradas para baixo, em uma assadeira forrada com papel-manteiga. Deixe crescer por 1h30.

> Coloque uma assadeira na grade inferior do forno. Preaqueça o forno a 240 °C. Polvilhe os pães com farinha. Faça incisões diferentes em cada pão (cruzadas, formando losangos ou uma incisão de ponta a ponta) **9**. Antes de levar ao forno, despeje 50 ml de água na assadeira aquecida. Asse por 25 minutos.

> Retire os pães do forno e deixe-os sobre uma grade até esfriarem.

Os pães tradicionais

Os pães
especiais

Pão
de farinha de primeira moagem

⏱ TEMPO DE PREPARO ⏱
sova 12min30s
crescimento inicial 2h
descanso 30min
crescimento final 2h
cozimento 25min

Para 3 pães de cerca de 330 g
400 g de farinha de trigo especial
75 g de farinha de primeira moagem (pode ser adquirida pela internet)
25 g de farinha de centeio
100 g de levain líquido (ou 25 g de levain seco)
1 g de fermento biológico fresco
10 g de sal grosso
360 g de água morna a 28-30 ºC
10 g de óleo de semente de uva

> Aqueça a água até atingir a temperatura indicada (28-30 ºC) **1**.

> **SOVA À MÁQUINA** Na tigela da batedeira, junte as três farinhas, o levain líquido (ou seco), o fermento biológico, o sal grosso e três quartos da água. Bata por 12 minutos em velocidade baixa. Quando a massa estiver homogênea, acrescente a água restante e o óleo de semente de uva e bata por 30 segundos em velocidade alta.

> **SOVA MANUAL** Em uma bancada ou tigela, junte as três farinhas e abra uma cova grande no centro. Acrescente metade da água, o levain líquido (ou seco), o fermento biológico esfarelado e o sal grosso. Misture, junte o restante da água e o óleo de sementes de uva. Amasse até incorporar toda a farinha. Sove a massa até ficar macia e homogênea.

> Forme uma bola com a massa e cubra com um pano de prato ligeiramente umedecido **2**. Deixe crescer por 2 horas. Na metade do tempo, dobre a massa sobre ela mesma. Ao final do tempo indicado, a massa terá dobrado de tamanho **3**.

> Enfarinhe a bancada. Divida a massa em três porções iguais (cerca de 330 g cada) **4** e molde-as em bolas. Cubra com um pano de prato e deixe descansar por 30 minutos.

> Para dar o formato final, achate delicadamente cada bola de massa com a palma da mão, espalhando-a para alongá-la. Dobre um pouco mais de um terço da massa sobre ela mesma. A seguir, dobre a borda oposta por cima da primeira dobra e pressione firmemente com os dedos **5**.

> Acomode os pães moldados sobre a bancada, com as emendas viradas para baixo. Cubra com um pano de prato enfarinhado. Faça pregas no pano de prato, entre as peças de massa, para separá-las. Cubra com outro pano de prato levemente umedecido. Deixe crescer por 2 horas.

> Coloque uma assadeira na grade inferior do forno. Preaqueça o forno a 230 °C. Transfira os pães para uma assadeira forrada com papel-manteiga, dessa vez com as emendas viradas para cima. Imediatamente antes de levar ao forno, despeje 50 ml de água na assadeira aquecida. Asse por 25 minutos.

> Retire os pães do forno e deixe-os sobre uma grade até esfriarem.

Os pães especiais

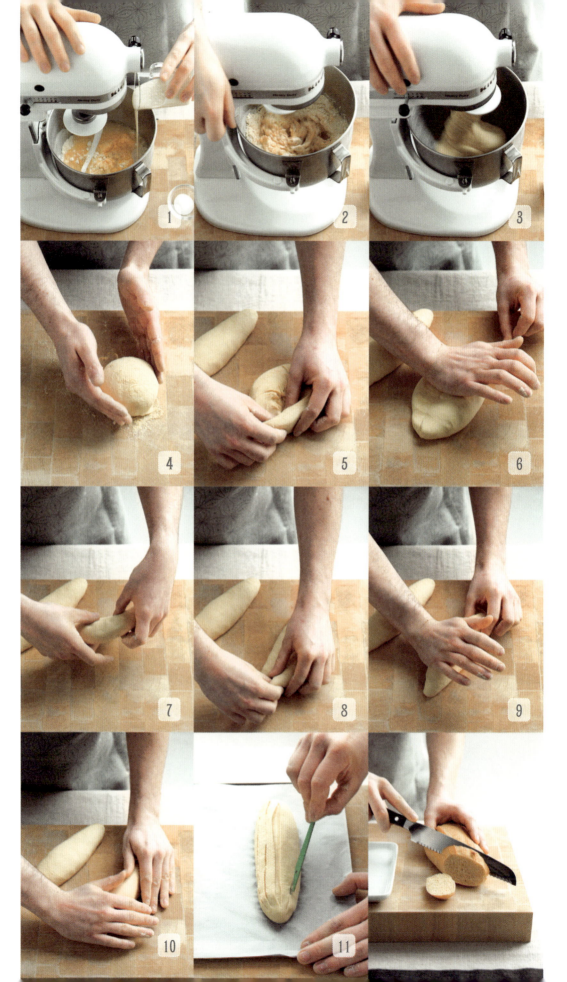

Pão de milho

⊙⊙ TEMPO DE PREPARO ⊙⊙
sova 10min
crescimento inicial 45min
descanso 30min
crescimento final 1h20
cozimento 25min

Para 3 pães de cerca de 300 g
300 g de farinha de trigo especial
200 g de fubá
320 g de água a 20 °C
100 g de levain líquido
(ou 25 g de levain seco)
3 g de fermento biológico fresco
10 g de sal

> **SOVA À MÁQUINA** Na tigela da batedeira, junte a farinha, o fubá, a água, o levain líquido (ou seco) **1**, o fermento biológico e o sal. Bata por 4 minutos em velocidade baixa **2**; depois, por mais 6 minutos em velocidade alta **3**.

> **SOVA MANUAL** Em uma bancada ou tigela, junte a farinha e o fubá e abra uma cova grande no centro. Acrescente metade da água, o levain líquido (ou seco), o fermento biológico esfarelado e o sal. Misture, despeje o restante da água e amasse até incorporar toda a farinha. Sove a massa até ficar macia e homogênea.

> Forme uma bola com a massa e cubra com um pano de prato umedecido. Deixe crescer por 45 minutos. Ao final do tempo indicado, a massa terá dobrado de tamanho.

> Em uma bancada enfarinhada, divida a massa em três porções iguais (cerca de 300 g cada) e forme três bolas **4**. Cubra com um pano de prato e deixe descansar por 30 minutos.

> Para dar o formato final, achate delicadamente uma bola de massa com a base da mão, espalhando-a para alongá-la. Dobre um terço da borda para o centro **5** e pressione com a base da mão **6**. A seguir dobre a borda oposta **7**, dessa vez um pouco mais de um terço, por cima da primeira dobra, e pressione novamente. Em seguida, dobre a massa ao meio, no sentido do comprimento, e pressione as bordas com a base da mão **8 9**. Enrole a massa com as mãos até obter um filão comprido com as pontas arredondadas **10**. Modele os outros pães.

> Acomode os pães, com as emendas viradas para baixo, em uma assadeira forrada com papel-manteiga. Cubra com um pano de prato ligeiramente umedecido e deixe crescer por 1h20.

> Coloque uma assadeira na grade inferior do forno. Preaqueça o forno a 230 °C. Antes de levar os pães ao forno, faça cinco incisões no sentido do comprimento (a primeira no centro do pão) **11**. Imediatamente antes de levar ao forno, despeje 50 ml de água na assadeira aquecida. Asse por 25 minutos.

> Retire os pães do forno e deixe-os sobre uma grade até esfriarem.

Os pães especiais

Pão multigrãos

◎◎ TEMPO DE PREPARO ◎◎
sova 10min
crescimento inicial 1h30
descanso 15min
crescimento final 2h
cozimento 20-25min

Para 3 pães de cerca de 350 g

90 g de mix de sementes (por exemplo, linhaça, papoula e gergelim) e cereais (painço e quinoa) + o suficiente para decorar os pães
500 g de farinha de trigo especial
300 g de água a 20 °C + 60 g para a demolha do mix de sementes e cereais
100 g de levain líquido (ou 25 g de levain seco)
3 g de fermento biológico fresco
10 g de sal

> Preaqueça o forno a 250 °C. Em uma assadeira, espalhe o mix de sementes e cereais e leve para dourar por cerca de 10 minutos. Em seguida, coloque-o de molho em uma tigela com 60 g de água até absorver toda a água.

> **SOVA À MÁQUINA** Na tigela da batedeira, coloque a farinha, a água, o levain líquido (ou seco), o fermento biológico e o sal. Bata por 4 minutos em velocidade baixa; depois, por 6 minutos em velocidade alta. Ao terminar de sovar, misture o mix de sementes e os cereais torrados e demolhados.

> **SOVA MANUAL** Em uma bancada ou tigela, despeje a farinha e abra uma cova grande no centro. Junte metade da água, o levain líquido (ou seco), o fermento biológico esfarelado e o sal. Misture e acrescente o restante da água e o mix de sementes e cereais torrados. Amasse até incorporar toda a farinha. Sove a massa até ficar macia e homogênea.

> Forme uma bola com a massa e cubra com um pano de prato ligeiramente umedecido. Deixe crescer por 1h30. Ao final do tempo indicado, a massa terá dobrado de tamanho.

> Enfarinhe a bancada. Divida a massa em três porções iguais (cerca de 350 g cada) e molde três bolas. Cubra com um pano de prato e deixe descansar por 15 minutos.

> Para dar o formato final, achate delicadamente a bola de massa com a palma da mão, espalhando-a para alongá-la. Dobre um terço da borda para o centro e pressione com os dedos. A seguir, dobre a borda oposta por cima, dessa vez um pouco mais de um terço, e pressione firmemente com a base da mão. Em seguida, dobre a massa ao meio, no sentido do comprimento, e pressione as bordas com a base da mão. Enrole a massa com as mãos para obter um filão com pontas arredondadas. Modele os outros pães.

> Espalhe o restante do mix de sementes e cereais crus em um prato. Umedeça a superfície dos pães (a parte sem emendas) com um vaporizador de água ou pincel. Passe os pães sobre as sementes. Acomode-os em uma assadeira forrada com papel-manteiga. Cubra com um pano de prato levemente umedecido e deixe crescer por 2 horas.

> Coloque uma assadeira na grade inferior do forno. Preaqueça o forno a 230 °C. Faça uma incisão de ponta a ponta no centro de cada pão (ver p. 40). Imediatamente antes de levar ao forno, despeje 50 ml de água na assadeira aquecida. Deixe assar por 20 a 25 minutos.

> Retire os pães do forno e deixe-os sobre uma grade até esfriarem.

Os pães especiais

Pão de Kamut®

◯◯ TEMPO DE PREPARO ◯◯

sova 8min
crescimento inicial 1h30
descanso 30min
crescimento final 1h30
cozimento 25min

Para 3 pães de cerca de 320 g
300 g de farinha de Kamut®
200 g de farinha de trigo orgânica
300 g de água a 20 ºC
150 g de levain líquido (ou 30 g de levain seco)
1 g de fermento biológico fresco
10 g de sal

> **SOVA À MÁQUINA** Na tigela da batedeira, junte as duas farinhas, a água, o levain líquido (ou seco), o fermento biológico e o sal. Bata por 4 minutos em velocidade baixa; depois, por mais 4 minutos em velocidade alta.

> **SOVA MANUAL** Em uma bancada ou tigela, junte as duas farinhas 1 e abra uma cova no centro. Acrescente metade da água, o levain líquido (ou seco), o fermento biológico esfarelado e o sal. Misture 2, despeje o restante da água e amasse até incorporar toda a farinha. Sove a massa até ficar macia e homogênea.

> Forme uma bola com a massa e cubra com um pano de prato levemente umedecido. Deixe crescer por 1h30. Ao final do tempo indicado, a massa terá dobrado de tamanho 3.

> Enfarinhe a bancada. Divida a massa em três porções iguais (cerca de 320 g cada) 4 e molde três bolas. Cubra com um pano de prato e deixe descansar por 30 minutos.

> Para dar o formato final, achate delicadamente uma bola de massa com a palma da mão, espalhando-a para alongá-la. Dobre as bordas para o centro, primeiro de um lado e depois do outro, e pressione-as com os dedos 5 6. Em seguida, dobre-a ao meio, no sentido do comprimento, e una firmemente as bordas com a base da mão. Enrole a peça de massa para obter um filão com pontas arredondadas (cerca de 20 cm) 7. Modele os outros pães.

> Acomode os pães com as emendas viradas para baixo em uma assadeira forrada com papel-manteiga. Deixe crescer por 1h30.

> Coloque uma assadeira na grade inferior do forno. Preaqueça o forno a 225 °C. Polvilhe os pães com farinha de Kamut® 8. Faça duas incisões inclinadas na superfície dos pães 9. Imediatamente antes de levar ao forno, despeje 50 ml de água na assadeira aquecida. Deixe assar por 25 minutos.

> Retire os pães do forno e deixe-os sobre uma grade até esfriarem.

× A farinha de Kamut®, além de difícil de trabalhar, dificulta o crescimento da massa. Para aumentar sua chance de sucesso nas primeiras tentativas, asse o pão em uma fôrma de bolo inglês.

Os pães especiais

O Kamut® é um tipo de trigo antigo e ao mesmo tempo contemporâneo.

Conta-se que nos anos 1950 um piloto norte-americano, ao se deparar com grãos de trigo muito grandes no Egito, decidiu enviá-los a um amigo cujo pai era fazendeiro no estado de Montana. Este ficou curioso. Que tipo de trigo ele conseguiria com aqueles grãos? O fazendeiro apressou-se em semeá-los e batizou-os com um nome promissor logo na primeira colheita: trigo do rei Tutancâmon. No entanto, foi preciso esperar três décadas para que o engenheiro agrônomo Bob Quinn o comercializasse com o nome de Kamut®, que em egípcio antigo significa "trigo". O Kamut® é um trigo duro, parente do trigo Khorasan, consumido desde a Antiguidade em todo o Crescente Fértil. A espetacular aceitação desse grão ocorre por seu excepcional valor nutritivo.

Pão integral

◯◯ TEMPO DE PREPARO ◯◯

sova 10min
crescimento inicial 1h
descanso 15min
crescimento final 1h30
cozimento 25min

Para 3 pães de cerca de 325 g

500 g de farinha de trigo integral
360 g de água a 20 ºC
100 g de levain líquido
(ou 25 g de levain seco)
3 g de fermento biológico fresco
10 g de sal

> **SOVA À MÁQUINA** Na tigela da batedeira, junte a farinha, a água, o levain líquido (ou seco), o fermento biológico e o sal. Bata por 4 minutos em velocidade baixa; depois, por mais 6 minutos em velocidade alta.

> **SOVA MANUAL** Em uma bancada ou tigela, despeje a farinha e abra uma cova grande no centro. Junte metade da água, o levain líquido (ou seco), o fermento biológico esfarelado e o sal. Misture, acrescente o restante da água e amasse [1] até incorporar toda a farinha. Sove a massa até ficar macia e homogênea.

> Forme uma bola com a massa e cubra com um pano de prato umedecido. Deixe crescer por 1 hora. Ao final do tempo indicado, a massa terá dobrado de tamanho.

> Enfarinhe levemente a bancada. Divida a massa em três porções (cerca de 325 g cada) e molde três bolas. Cubra com um pano de prato e deixe descansar por 15 minutos [2].

> Para dar o formato final, achate delicadamente cada bola de massa com a palma da mão, espalhando-a para alongá-la. Dobre uma das bordas em direção ao centro e pressione-a com a base da mão. Repita na borda oposta, fazendo com que as duas partes se encontrem no centro, e pressione novamente [3]. Em seguida, dobre ao meio, no sentido do comprimento, e una as bordas com a base da mão. Enrole a massa com as mãos para obter uma bisnaga com pontas afiladas. Acomode-a sobre a bancada enfarinhada, com a emenda virada para baixo. Modele os outros pães.

Os pães especiais

> Faça incisões inclinadas [4], a espaços regulares, em todo o comprimento do pão. Cubra com um pano de prato ligeiramente umedecido e deixe crescer por 1h30. Ao final do tempo indicado, as incisões vão se abrir um pouco [5].

> Coloque uma assadeira na grade inferior do forno. Preaqueça o forno a 230 °C. Transfira os pães para uma assadeira forrada com papel-manteiga. Imediatamente antes de levar ao forno, despeje 50 ml de água na assadeira aquecida. Deixe assar por 25 minutos.

> Retire os pães do forno e deixe-os sobre uma grade até esfriarem.

× Se preferir um pão mais leve, use uma mistura de 250 g de farinha de trigo especial e 250 g de farinha de trigo integral.

Pão
de semolina

⏲ **TEMPO DE PREPARO** ⏲

sova 11min
crescimento inicial 2h
descanso 15min
crescimento final 2h
cozimento 20min

Para 2 pães de cerca de 470 g

375 g de farinha de trigo especial ◆ 125 g de semolina de trigo durum ◆ 325 g de água a 20 °C ◆ 100 g de levain líquido (ou 25 g de levain seco) ◆ 2 g de fermento biológico fresco ◆ 10 g de sal

> **SOVA À MÁQUINA** Na tigela da batedeira, junte a farinha, a semolina de trigo durum, o levain líquido **1** (ou seco), a água, o fermento biológico e o sal. Bata por 4 minutos em velocidade baixa; **2** depois, por mais 7 minutos em velocidade alta **3**.

> **SOVA MANUAL** Em uma bancada ou tigela, despeje a farinha e a semolina de trigo durum e abra uma cova grande no centro. Junte o levain líquido (ou seco), a metade da água, o fermento biológico esfarelado e o sal. Misture, acrescente o restante da água e amasse até incorporar toda a farinha. Sove a massa até ficar macia e homogênea.

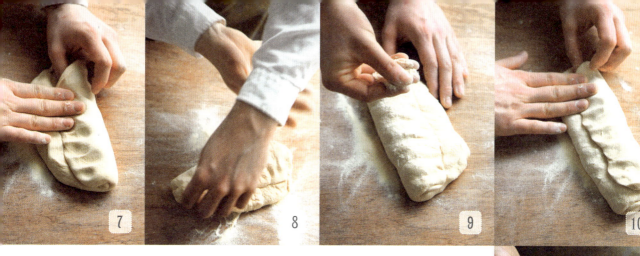

> Forme uma bola de massa e coloque-a em um banneton enfarinhado com semolina 4. Cubra com um pano de prato ligeiramente umedecido e deixe crescer por 2 horas. Ao final do tempo indicado, a massa terá dobrado de tamanho 5.

> Enfarinhe a bancada. Divida a massa em duas porções iguais (cerca de 470 g cada) e molde duas bolas. Cubra com um pano de prato e deixe descansar por 15 minutos.

> Para dar o formato final, achate delicadamente a bola de massa com a palma da mão, espalhando-a para alongá-la. Dobre a borda da massa sobre si mesma e pressione com a ponta dos dedos 6 7. Gire 180° 8. Polvilhe essa primeira dobra com semolina de trigo duro 9. Dobre a borda oposta e pressione com a ponta dos dedos para unir bem 10. Modele o outro pão.

> Coloque os pães moldados, com as emendas viradas para baixo, sobre um pano de prato enfarinhado com farinha de trigo especial. Faça pregas no tecido para separar os pães 11. Cubra com um pano de prato ligeiramente umedecido e deixe crescer por 2 horas.

> Coloque uma assadeira na grade inferior do forno. Preaqueça o forno a 230 °C. Transfira delicadamente os pães, dessa vez com as emendas voltadas para cima, para uma assadeira forrada com papel-manteiga. Imediatamente antes de levar ao forno, despeje 50 ml de água na assadeira aquecida. Deixe assar por 20 minutos. As emendas vão se abrir, dando uma aparência muito saborosa aos pães 12.

> Retire os pães do forno e deixe-os sobre uma grade até esfriarem.

× Cuidado para não assar demais este pão. O ideal é que ele fique com a crosta leve e crocante, com um apetitoso tom caramelado.

Os pães especiais

Pão de campanha

⊙⊙ TEMPO DE PREPARO ⊙⊙
sova 11min
crescimento inicial 2h
descanso 30min
crescimento final 1h30
cozimento 25min

Para 1 pão de cerca de 950 g
50 g de farinha de centeio
450 g de farinha de trigo especial
340 g de água a 20 ºC
100 g de levain líquido
(ou 25 g de levain seco)
2 g de fermento biológico fresco
10 g de sal

> **SOVA À MÁQUINA** Na tigela da batedeira, junte as duas farinhas, a água, o levain líquido (ou seco), o fermento biológico e o sal. Bata por 4 minutos em velocidade baixa; depois, por mais 7 minutos em velocidade alta.

> **SOVA MANUAL** Em uma bancada ou tigela, junte as duas farinhas e abra uma cova grande no centro. Acrescente metade da água, o levain líquido (ou seco), o fermento biológico esfarelado e o sal. Misture os ingredientes no interior da cova **1**. Despeje o restante da água e amasse até incorporar toda a farinha. Sove a massa, energicamente **2 3**, até ficar macia e homogênea.

> Forme uma bola com a massa **4** e cubra com um pano de prato ligeiramente umedecido. Deixe crescer por 2 horas. Na metade desse tempo, sove novamente a massa e dobre-a ao meio. Ao final do tempo indicado, a massa terá dobrado de tamanho.

> Delicadamente, forme uma nova bola, cubra com um pano de prato e deixe descansar por 30 minutos.

> Para dar o formato final, achate a bola de massa com a palma da mão, espalhando-a para alongá-la. Dobre um terço da borda da massa sobre ela mesma e pressione com a ponta dos dedos **5**. A seguir, dobre a borda oposta, dessa vez um pouco mais de um terço, e pressione firmemente. Em seguida, dobre-a ao meio, no sentido do comprimento, e una as bordas com a base da mão **6**. Enrole a massa com as mãos para obter um filão com pontas arredondadas **7**.

> Coloque o pão sobre um pano de prato enfarinhado, com a emenda virada para a parte de baixo. Cubra com um pano de prato ligeiramente umedecido e deixe crescer por 1h30.

> Coloque uma assadeira na grade inferior do forno. Preaqueça o forno a 230 °C. Transfira o pão para uma assadeira forrada com papel-manteiga. Faça uma incisão de ponta a ponta, no sentido do comprimento **8**, ou duas inclinadas.

> Imediatamente antes de levar ao forno, despeje 50 ml de água na assadeira aquecida. Deixe assar por 10 minutos, depois baixe a temperatura para 210 °C e deixe assar por mais 15 minutos.

> Retire o pão do forno e deixe-o sobre uma grade até esfriar.

Os pães especiais

Pão de farelo de trigo

⊙⊙ TEMPO DE PREPARO ⊙⊙
sova 10min
crescimento inicial 45min
descanso 30min
crescimento final 1h30
cozimento 20-25min

Para 1 pão de cerca de 930 g
150 g de farelo de trigo
300 g de farinha de trigo especial
50 g de farinha de centeio
320 g de água a 20 ºC
100 g de levain líquido
(ou 25 g de levain seco)
3 g de fermento biológico fresco
10 g de sal
óleo de girassol para untar a bancada

> **SOVA À MÁQUINA** Na tigela da batedeira, junte o farelo de trigo, as duas farinhas, a água, o levain líquido (ou seco), o fermento biológico e o sal. Bata por 4 minutos em velocidade baixa; depois, por mais 6 minutos em velocidade alta.

> **SOVA MANUAL** Em uma bancada ou tigela, junte o farelo e as duas farinhas e abra uma cova grande no meio. Adicione metade da água, o levain líquido (ou seco), o fermento biológico esfarelado e o sal. Misture, acrescente o restante da água e amasse até incorporar toda a farinha. Sove a massa até ficar macia e homogênea.

> Forme uma bola com a massa e cubra com um pano de prato ligeiramente umedecido. Deixe crescer por 45 minutos. Ao final do tempo indicado, a massa terá dobrado de tamanho.

> Enfarinhe a bancada. Refaça delicadamente a bola, cubra com um pano de prato e deixe descansar por mais 30 minutos.

> Com um pincel, unte a bancada com o óleo de girassol. Transfira a bola de massa para a bancada, achate ligeiramente e dobre a massa sobre si mesma. Pressione com os dedos. Role a massa para virar a emenda para baixo (o óleo vai impedir que essa emenda se feche). Com ambas as mãos, molde delicadamente uma bola regular e lisa. Cubra com um pano de prato ligeiramente umedecido e deixe crescer por 1h30.

> Coloque uma assadeira na grade inferior do forno. Preaqueça o forno a 230 °C. Transfira o pão, com a emenda virada para cima, para uma assadeira forrada com papel-manteiga. Imediatamente antes de levar ao forno, despeje 50 ml de água na assadeira aquecida. Deixe assar por 20-25 minutos.

> Retire o pão do forno e deixe-o sobre uma grade até esfriar.

Os pães especiais

Pão
de centeio

⏱ TEMPO DE PREPARO ⏱

sova 8min
crescimento inicial 1h
descanso 15min
crescimento final 1h
cozimento 30min

Para 3 pães de cerca de 320 g

350 g de farinha de centeio ✛ 150 g de farinha de trigo especial ✛ 360 g de água a 20 ºC ✛ 100 g de levain líquido (ou 25 g de levain seco) ✛ 2 g de fermento biológico fresco ✛ 10 g de sal

> **SOVA À MÁQUINA** Na tigela da batedeira, junte as duas farinhas, a água, o levain líquido (ou seco), o fermento biológico e o sal. Bata por 7 minutos em velocidade baixa; depois, por mais 1 minuto em velocidade alta **1**.

> **SOVA MANUAL** Em uma bancada ou tigela, junte as duas farinhas e abra uma cova grande no meio. Acrescente metade da água, o levain líquido (ou seco), o fermento biológico esfarelado e o sal. Misture, despeje o restante da água e amasse até incorporar toda a farinha. Sove a massa até ficar macia e homogênea.

> Forme uma bola com a massa e cubra com um pano de prato ligeiramente umedecido. Deixe crescer por 1 hora. Ao final do tempo indicado, a massa terá dobrado de tamanho. Não estranhe, pois vão se formar pequenas bolhas na superfície da massa.

> Enfarinhe ligeiramente a bancada. Divida a massa em três porções (cerca de 320 g cada) **2** e molde três bolas. Cubra com um pano de prato e deixe descansar por 15 minutos.

> Para dar o formato final, achate delicadamente uma bola de massa com a palma da mão, espalhando-a para alongá-la **3**. Dobre um terço da borda para o centro **4** e pressione com a base da mão; a seguir dobre a borda oposta, dessa vez um pouco mais de um terço, por cima da primeira, e pressione firmemente com a base da mão **5**. Em seguida, dobre ao meio, no sentido do comprimento, e una, pressionando as bordas com a base da mão **6**. Enrole a massa com as mãos para obter um filão com pontas ovaladas **7**. Modele os outros pães.

> Acomode os pães, com as emendas viradas para baixo, sobre um pano de prato ligeiramente enfarinhado. Faça pregas no tecido para separá-los (se preferir, coloque-os separados diretamente sobre uma assadeira forrada com papel-manteiga). Polvilhe com a farinha de centeio **8**. Faça incisões em chevrons a espaços regulares **9**. Deixe crescer por 1 hora. Passado esse tempo, vão aparecer pequenas bolhas na superfície da massa e as incisões ficarão espaçadas **10**.

> Coloque uma assadeira na grade inferior do forno. Preaqueça o forno a 225 °C. Se for o caso, transfira os pães para uma assadeira forrada com papel-manteiga. Logo antes de levar ao forno, despeje 50 ml de água na assadeira aquecida. Deixe assar por 30 minutos.

> Retire os pães do forno e deixe-os sobre uma grade até esfriarem.

× Não prolongue muito o tempo de crescimento final, pois a massa pode se contrair.

Os pães especiais

Pão de méteil

⏰ TEMPO DE PREPARO ⏰

sova 9min
crescimento inicial 1h30
descanso 15min
crescimento final 1h30
cozimento 25min

Para 1 pão de cerca de 960 g

250 g de farinha de centeio
250 g de farinha de trigo especial
350 g de água a 20 ºC
100 g de levain líquido
(ou 25 g de levain seco)
2 g de fermento biológico fresco
10 g de sal

> **SOVA À MÁQUINA** Na tigela da batedeira, junte as duas farinhas, a água, o levain líquido (ou seco), o fermento biológico e o sal. Bata por 7 minutos em velocidade baixa; depois, por mais 2 minutos em velocidade alta.

> **SOVA MANUAL** Em uma bancada ou tigela, junte as duas farinhas [1] e abra uma cova grande no centro. Acrescente metade da água, o levain líquido (ou seco), o fermento biológico esfarelado e o sal. Misture, despeje o restante da água e amasse até incorporar toda a farinha. Sove a massa até ficar macia e homogênea.

> Forme uma bola com a massa e cubra com um pano de prato ligeiramente umedecido. Deixe crescer por 1h30. Ao final do tempo indicado, a massa terá dobrado de tamanho.

> Enfarinhe a bancada. Retome a massa e modele delicadamente uma nova bola. Cubra com um pano de prato e deixe descansar por 15 minutos.

> Para dar o formato final, achate a bola de massa [2], espalhando-a ligeiramente. Dobre as pontas para o centro [3] [4] [5]. Com as mãos no centro da massa [6], gire-a para virar a emenda para a parte de baixo [7]. Role a massa entre as mãos, pressionando-a levemente na bancada [8] até obter uma bola regular e lisa.

> Deixe o pão na bancada ou transfira-o para uma assadeira forrada com papel-manteiga. Cubra com um pano de prato levemente umedecido e deixe descansar por 1h30.

> Coloque uma assadeira na grade inferior do forno. Preaqueça o forno a 225 °C. Peneire farinha de centeio sobre o pão [9]. Faça incisões em forma de cruz na superfície [10]. Imediatamente antes de levar ao forno, despeje 50 ml de água na assadeira aquecida. Deixe assar por 10 minutos, depois baixe a temperatura para 210 °C e deixe assar por mais 15 minutos.

> Retire o pão do forno e deixe-o sobre uma grade até esfriar.

Os pães especiais

× Derivada do latim popular *mistilium* (mistura), que por sua vez é derivada do latim clássico *mixtus*, a palavra "méteil" é usada para designar que alguns cereais, ou cereais e leguminosas, foram semeados e colhidos juntos. Em panificação, "méteil" refere-se especificamente a uma mistura em partes iguais de centeio e de trigo, apesar de esses dois cereais não serem cultivados juntos.

Pão de fubá
sem glúten

⏱ TEMPO DE PREPARO ⏱
preparo 30min
cozimento 25min

Para 6 pães de cerca de 140 g
220 g de leite ✦ 330 g de fubá ✦ 7 g de sal
✦ 60 g de manteiga ✦ 80 g de gemas ✦ 20 g de fermento biológico fresco ✦ 120 g de claras

> Em uma panela, junte dois terços do leite, o fubá, o sal e a manteiga 1 2 3. Deixe cozinhar em fogo brando durante 10 minutos, misturando energicamente, sem parar, com um batedor de arame (fouet). Quando a mistura adquirir a consistência de polenta 4 5, desligue o fogo e deixe esfriar.

> Em uma tigela grande, bata as gemas até ficarem cremosas 6. Em outra tigela, desmanche o fermento no restante do leite 7.

> Acrescente as gemas batidas ao fermento desmanchado no leite 8 e misture, com um batedor de arame (fouet), até obter um creme homogêneo e aveludado 9. Aos poucos, adicione esse creme à mistura de farinha 10, batendo com um batedor de arame (fouet), até incorporar todos os componentes. Raspe as bordas da tigela 11 para o meio e agregue à mistura.

> Bata as claras em neve 12. Misture cerca de um quinto das claras batidas à massa, depois acrescente o restante e incorpore delicadamente com a ajuda de uma espátula 13.

> Coloque uma assadeira na grade inferior do forno. Preaqueça o forno a 180 °C. Unte com manteiga seis minifôrmas de bolo inglês de cerca de 10 cm de comprimento. Com a ajuda de uma colher, preencha dois terços das minifôrmas com a massa e alise a superfície 14. Imediatamente antes de levar ao forno, despeje 50 ml de água na assadeira aquecida. Deixe assar por 25 minutos.

> Desenforme os pães e deixe-os sobre uma grade até esfriarem.

Os pães especiais

Pão de castanha
sem glúten

⏱ TEMPO DE PREPARO ⏱
preparo 25min
descanso 1h
cozimento 25min +
10min em forno desligado

Para 1 pão de cerca de 910 g
5 g de fermento biológico fresco
400 g de farinha de castanha portuguesa
100 g de farinha de soja
400 g de água a 20 ºC
10 g de sal

> O pão sem glúten de farinha de castanha é preparado com fermento biológico fresco, por isso é importante pesar corretamente esse último ingrediente **1**.

> **SOVA À MÁQUINA** Na tigela da batedeira, junte as duas farinhas, a água, o fermento biológico e o sal. Bata em velocidade baixa, até obter uma massa rústica.

> **SOVA MANUAL** Em uma bancada ou tigela, junte as duas farinhas e abra uma cova grande no centro. Acrescente metade da água e o fermento biológico **2**. Misture os ingredientes com uma das mãos. Adicione pouco a pouco o restante da água e o sal **3**. Continue misturando até incorporar toda a farinha **4**.

> Polvilhe levemente um banneton com farinha de soja **5** e acomode a massa, que deve preencher somente dois terços do recipiente. Peneire farinha de castanha sobre a massa e deixe descansar em temperatura ambiente por 1 hora **6**.

> Coloque uma assadeira na grade inferior do forno. Preaqueça o forno a 230 ºC. Vire delicadamente o banneton sobre uma assadeira triangular forrada com papel-manteiga. Imediatamente antes de levar ao forno, despeje 50 ml de água na assadeira aquecida. Deixe assar por 25 minutos, depois deixe o pão por 10 minutos no forno desligado.

> Desenforme o pão e deixe-o sobre uma grade até esfriar.

Os pães especiais

Os pães orgânicos
de fermentação natural

Baguete
orgânica

⏱ TEMPO DE PREPARO ⏱
sova 16min
pré-fermentação (autólise) 1h
crescimento inicial 1h15
descanso 30min
crescimento final 1h30
cozimento 20min

Para 3 baguetes de cerca de 310 g
500 g de farinha de trigo orgânica
325 g de água a 20 °C
100 g de levain líquido
(ou 25 g de levain seco)
3 g de fermento biológico fresco
10 g de sal

> **SOVA À MÁQUINA** Na tigela da batedeira, junte a farinha e a água. Bata por 5 minutos em velocidade baixa. Retire a tigela da batedeira e cubra com um pano de prato levemente umedecido. Deixe descansar por 1 hora. Passado esse tempo, acrescente o levain líquido (ou seco), o fermento biológico e o sal. Bata por 4 minutos em velocidade baixa; depois, por mais 7 minutos em velocidade alta.

> **SOVA MANUAL** Em uma bancada ou tigela, despeje a farinha e abra uma cova no centro. Junte dois terços da água e misture até incorporar toda a farinha. Cubra com um pano de prato ligeiramente umedecido e deixe descansar por 1 hora. Passado esse tempo, acrescente o restante da água, o levain líquido (ou seco), o fermento biológico esfarelado e o sal. Misture até incorporar toda a farinha. Sove a massa **1** até ficar macia e homogênea.

> Forme uma bola com a massa e cubra com um pano de prato levemente umedecido. Deixe crescer por 1h15. Ao final do tempo indicado, a massa terá dobrado de tamanho.

> Enfarinhe a bancada. Divida a massa em três porções iguais (cerca de 310 g). Enrole-as com as mãos para obter bisnagas levemente alongadas. Cubra com um pano de prato e deixe descansar por 30 minutos.

> Para dar o formato final, achate delicadamente cada bisnaga com a palma da mão, espalhando-a para alongá-la. Dobre um terço da borda para o centro e pressione com a base da mão. A seguir, dobre a borda oposta, por cima da primeira, e pressione novamente. Em seguida, dobre a massa ao meio, no sentido do comprimento, e pressione as bordas com a base da mão **2**. Enrole a massa com as mãos **3**, alongando-a, até ficar com 45 cm de comprimento. Arredonde as pontas. Modele os outros pães.

> Acomode as baguetes, com as emendas viradas para baixo, em uma assadeira forrada com papel-manteiga. Cubra com um pano de prato ligeiramente umedecido e deixe crescer por 1h10.

> Coloque uma assadeira na grade inferior do forno. Preaqueça o forno a 230 °C. Polvilhe as baguetes com farinha **4**. Faça incisões diferentes em cada pão: seis incisões cruzadas no primeiro, uma incisão de ponta a ponta no segundo e três incisões inclinadas no terceiro **5**.

> Imediatamente antes de levar ao forno, despeje 50 ml de água na assadeira aquecida. Asse por cerca de 20 minutos. Retire as baguetes do forno e deixe-as sobre uma grade até esfriarem.

> **BAGUETES COM SEMENTES DE PAPOULA OU GERGELIM** Espalhe uma quantidade suficiente de sementes de papoula ou gergelim sobre a bancada.

> Depois de enrolar as baguetes até o comprimento desejado, acomode-as sobre a bancada, com as emendas viradas para baixo. Umedeça a superfície dos pães, utilizando um pincel ou vaporizador de água.

> Coloque a baguete, a parte umedecida virada para baixo, sobre as sementes de papoula ou o gergelim. Pressione-a levemente para as sementes aderirem em toda a superfície. Acomode as baguetes em assadeira e deixe crescer por 1h10.

> Antes de levar as baguetes ao forno, faça as incisões.

× Se preferir, escolha um mix de sementes, por exemplo, de abóbora, linhaça, painço e girassol.

Pão de uvas-passas

⊙⊙ TEMPO DE PREPARO ⊙⊙
sova 21min
pré-fermentação (autólise) 2h
crescimento inicial 2h30
crescimento final 2h30
cozimento 40min

Para 1 pão de cerca de 1,1 kg
500 g de farinha de trigo orgânica
320 g de água a 20 ºC
125 g de levain líquido
(ou 30 g de levain seco orgânico)
1 g de fermento biológico fresco
10 g de sal
150 g de uvas-passas

> **SOVA À MÁQUINA** Na tigela da batedeira, junte a farinha e a água. Bata por 6 minutos. Retire a tigela da batedeira e cubra com um pano de prato ligeiramente umedecido. Deixe descansar por 2 horas. Passado esse tempo, acrescente o levain líquido (ou seco), o fermento biológico e o sal. Bata por 15 minutos em velocidade baixa. Ao final, junte as uvas-passas e bata novamente.

> **SOVA MANUAL** Em uma bancada ou tigela, despeje a farinha e abra uma cova no centro. Junte dois terços da água e misture até incorporar toda a farinha. Cubra com um pano de prato ligeiramente umedecido e deixe descansar por 2 horas. Passado esse tempo, acrescente o restante da água, o levain líquido (ou seco), o fermento biológico esfarelado e o sal. Misture até incorporar toda a farinha. Sove a massa até ficar macia e homogênea. Ao terminar de sovar, incorpore as uvas-passas.

> Forme uma bola e cubra com um pano de prato ligeiramente umedecido. Deixe crescer por 2h30. Depois de 15 minutos, dobre a massa sobre ela mesma e deixe crescer. Depois de 1 hora, dobre novamente ao meio. Ao final do tempo indicado, a massa terá dobrado de tamanho.

> Enfarinhe a bancada. Role a massa entre as mãos, pressionando-a levemente, até obter uma bola regular e lisa. Acomode o pão dentro de um banneton bem enfarinhado, com as emendas viradas para cima. Segure as bordas, traga-as para o centro e pressione levemente para uni-las. Cubra com um pano de prato e deixe crescer por 2h30.

> Coloque uma assadeira na grade inferior do forno. Preaqueça o forno a 230 °C. Acomode a massa delicadamente, com as emendas viradas para baixo, sobre uma assadeira forrada com papel-manteiga.

> Faça quatro incisões no pão, formando um quadrado (ver p. 39). Imediatamente antes de levar ao forno, despeje 50 ml de água na assadeira aquecida. Asse por 15 minutos. A seguir, baixe a temperatura para 200 °C e deixe assar por mais 25 minutos.

> Retire o pão do forno e deixe-o sobre uma grade até esfriar.

Pão clássico orgânico

TEMPO DE PREPARO
sova 8min
crescimento inicial 2h
descanso 30min
crescimento final 1h30
cozimento 45min

Para 2 pães de cerca de 460 g
500 g de farinha de trigo orgânica
310 g de água a 20 °C
100 g de levain líquido
(ou 25 g de levain seco orgânico)
1 g de fermento biológico fresco
10 g de sal

> **SOVA À MÁQUINA** Na tigela da batedeira, junte a farinha, a água, o levain líquido (ou seco), o fermento biológico e o sal. Bata por 4 minutos em velocidade baixa; depois, por mais 4 minutos em velocidade alta.

> **SOVA MANUAL** Em uma bancada ou tigela, despeje a farinha e abra uma cova no centro. Junte metade da água, o levain líquido (ou seco), o fermento biológico esfarelado e o sal. Misture, acrescente o restante da água e amasse até incorporar toda a farinha. Sove a massa até ficar macia e homogênea.

> Forme uma bola de massa **1** e cubra com um pano de prato ligeiramente umedecido. Deixe crescer por 2 horas. Ao final do tempo indicado, a massa terá dobrado de tamanho.

> Enfarinhe a bancada. Divida a massa em duas porções iguais (cerca de 460 g cada) **2**. Role a massa entre as mãos, pressionando-a levemente na bancada, até obter uma bola regular e lisa. Deixe descansar por 30 minutos.

> Apanhe as bolas de massa. Role-as entre as mãos para dar mais força à massa. Acomode os pães, com as emendas viradas para baixo, em uma assadeira forrada com papel-manteiga. Cubra com um pano de prato ligeiramente umedecido e deixe crescer por 1h30. Ao final do tempo indicado, a massa terá dobrado de tamanho **3**.

> Coloque uma assadeira na grade inferior do forno. Preaqueça o forno a 230 °C. Polvilhe os pães com farinha e faça incisões em pithiviers **4** ou em cruz (ver pp. 38-39).

> Imediatamente antes de levar ao forno, despeje 50 ml de água na assadeira aquecida. Asse por 15 minutos. A seguir, baixe a temperatura para 200 °C e deixe assar por mais 30 minutos.

> Retire os pães do forno e deixe-os sobre uma grade até esfriarem.

Os pães orgânicos de fermentação natural

Pão
de trigo-sarraceno

TEMPO DE PREPARO
sova 10min
crescimento inicial 2h
crescimento final 1h40
cozimento 25-30min

Para 2 pães de cerca de 450 g
300 g de farinha de trigo orgânica
200 g de farinha de trigo-
-sarraceno orgânica
3 g de malte torrado (opcional; encontrado em lojas de produtos para cervejas artesanais ou pela internet)
300 g de água a 20 ºC
100 g de levain líquido
(ou 25 g de levain seco)
1 g de fermento biológico fresco
10 g de sal

> **SOVA À MÁQUINA** Na tigela da batedeira, junte as duas farinhas, o malte torrado (se for utilizá-lo), a água, o levain líquido (ou seco), o fermento biológico e o sal. Bata por 4 minutos em velocidade baixa; depois, por mais 6 minutos em velocidade alta.

> **SOVA MANUAL** Em uma bancada ou tigela, junte as duas farinhas e o malte torrado (se for utilizá-lo). Abra uma cova no centro. Acrescente metade da água, o levain líquido (ou seco), o fermento biológico esfarelado e o sal. Misture, despeje o restante da água e amasse até incorporar toda a farinha. Sove a massa até ficar macia e homogênea.

> Forme uma bola de massa e cubra com um pano de prato ligeiramente umedecido. Deixe crescer por 2 horas. Na metade do tempo, dobre a massa sobre ela mesma. Ao final do tempo indicado, a massa terá dobrado de tamanho.

> Para dar o formato final, coloque a bola de massa sobre a bancada enfarinhada. Achate a massa com cuidado, para evitar desgasificá-la, até obter um retângulo de 18-20 cm × 40 cm. Com a ajuda de um cortador, divida o retângulo ao meio, no sentido do comprimento. Você vai obter dois pães com cerca de 450 g.

> Acomode os pães em uma assadeira forrada com papel-manteiga. Cubra com um pano de prato ligeiramente umedecido e deixe crescer por 1h40.

> Coloque uma assadeira na grade inferior do forno. Preaqueça o forno a 230 ºC. Polvilhe as peças com farinha de trigo e faça incisões formando losangos (três incisões em um sentido e três em outro, cruzadas). Imediatamente antes de levar ao forno, despeje 50 ml de água na assadeira aquecida. Asse por 25-30 minutos.

> Retire os pães do forno e deixe-os sobre uma grade até esfriarem.

Pão de espelta

⊙⊙ TEMPO DE PREPARO ⊙⊙
sova 8min
crescimento inicial 1h30
descanso 30min
crescimento final 1h30
cozimento 30min

Para 3 pães de cerca de 320 g
325 g de farinha de trigo orgânica
175 g de farinha de espelta orgânica (encontrada em lojas de produtos naturais ou pela internet)
310 g de água a 20 °C
150 g de levain líquido (ou 30 g de levain seco)
1 g de fermento biológico fresco
10 g de sal

> **SOVA À MÁQUINA** Na tigela da batedeira, junte as duas farinhas, a água, o levain líquido (ou seco), o fermento biológico e o sal. Bata por 4 minutos em velocidade baixa; depois, por 4 minutos em velocidade alta.

> **SOVA MANUAL** Em uma bancada ou tigela, junte as duas farinhas e abra uma cova no centro. Acrescente metade da água, o levain líquido (ou seco), o fermento biológico esfarelado e o sal. Misture, despeje o restante da água e amasse até incorporar toda a farinha. Sove a massa até ficar macia e homogênea.

> Forme uma bola e cubra com um pano de prato ligeiramente umedecido. Deixe crescer por 1h30. Ao final do tempo indicado, a massa terá dobrado de tamanho.

> Enfarinhe a bancada. Divida a massa em três porções iguais (cerca de 320 g cada) e forme três bolas. Cubra com um pano de prato e deixe descansar por 30 minutos.

> Achate delicadamente cada bola de massa com a palma da mão e modele-as em formatos diferentes.

> **BÂTARD OU BAGUETE**. Dobre a borda da massa sobre ela mesma e pressione com a ponta dos dedos. A seguir, dobre do lado oposto, dessa vez um pouco mais de um terço, e pressione novamente. Em seguida, dobre a massa ao meio, no sentido do comprimento, e una as bordas com a base da mão. Enrole a massa com as mãos para obter um bâtard com pontas afiladas. Para a baguete, proceda da mesma maneira, enrolando a massa até atingir 50 cm de comprimento. Coloque os pães sobre um pano de prato enfarinhado, com as emendas viradas para cima.

Os pães orgânicos de fermentação natural

> **PÃO REDONDO.** Em uma bola de massa, dobre as bordas para o centro e pressione com a ponta dos dedos 1 2 3. Gire a massa para a emenda ficar na parte de baixo. Role-a entre as mãos 4, para obter uma bola regular e lisa. Cubra com um pano de prato enfarinhado, dessa vez com a emenda virada para cima.

> Cubra com um pano de prato umedecido e deixe crescer por 1h30. Ao final do tempo indicado, a massa terá dobrado de volume 5.

> Acomode os pães, com as emendas viradas para baixo, em uma assadeira forrada com papel-manteiga. No bâtard, faça duas incisões inclinadas em um sentido e duas no sentido oposto, cruzando-as. Na baguete, faça uma incisão no sentido do comprimento, de ponta a ponta. No pão redondo, seis incisões, formando losangos.

> Coloque uma assadeira na grade inferior do forno. Preaqueça o forno a 230 °C. Imediatamente antes de levar ao forno, despeje 50 ml de água na assadeira aquecida. Asse por cerca de 30 minutos. Retire os pães do forno e deixe-os sobre uma grade até esfriarem.

Pão de farro

⊕⊕ TEMPO DE PREPARO ⊕⊕
sova 8min
crescimento inicial 1h30
crescimento final 2h
cozimento 45min

Para 1 pão de cerca de 890 g
450 g de farinha de farro (pode ser adquirida pela internet)
50 g de farinha de trigo orgânica
310 g de água a 20 ºC
100 g de levain líquido (ou 25 g de levain seco)
1 g de fermento biológico fresco
10 g de sal

> **SOVA À MÁQUINA** Na tigela da batedeira, junte as duas farinhas, a água, o levain líquido (ou seco), o fermento biológico e o sal. Bata por 4 minutos em velocidade baixa; depois, por mais 4 minutos em velocidade alta.

> **SOVA MANUAL** Em uma bancada ou tigela, junte as duas farinhas e abra uma cova grande no centro. Acrescente metade da água, o levain líquido (ou seco), o fermento biológico esfarelado e o sal. Misture, despeje o restante da água e amasse até incorporar toda a farinha. Sove a massa até ficar macia e homogênea.

> Enfarinhe a bancada. Pegue a massa e dobre-a uma ou duas vezes sobre ela mesma [1]. Forme uma bola [2] e cubra com um pano de prato ligeiramente umedecido. Deixe crescer por 1h30. Ao final do tempo indicado, a massa terá dobrado de tamanho [3].

> Retome a massa. Segure as bordas, traga-as para o centro e pressione para uni-las [4]. A seguir, vire-a novamente para formar uma bola [5]. Coloque-a num banneton bem enfarinhado, com a emenda virada para cima [6]. Cubra com um pano de prato e deixe crescer por 1h30.

> Coloque uma assadeira na grade inferior do forno. Preaqueça o forno a 230 °C. Acomode o pão em uma assadeira forrada com papel-manteiga, dessa vez com a emenda virada para baixo [7]. Faça uma incisão em cruz [8].

> Imediatamente antes de levar ao forno, despeje 50 ml de água na assadeira aquecida. Asse por 15 minutos. A seguir, baixe a temperatura para 210 °C e deixe assar por mais 30 minutos.

> Retire o pão do forno e deixe-o sobre uma grade até esfriar [9].

Pão
de fôrma integral

⏱ TEMPO DE PREPARO ⏱
sova 10min
crescimento inicial 1h
descanso 15min
crescimento final 1h30
cozimento 25min

Para 3 pães de cerca de 320 g
500 g de farinha de trigo integral orgânica
360 g de água a 20 ºC
100 g de levain líquido (ou 25 g de levain seco)
2 g de fermento biológico fresco
10 g de sal
óleo de girassol para untar as fôrmas

3 fôrmas com tampa medindo 9,5 cm x 20 cm x 8 cm

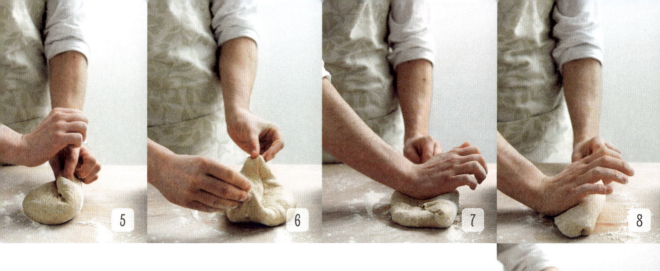

> **SOVA À MÁQUINA** Na tigela da batedeira, junte a farinha, a água, o levain líquido (ou seco), o fermento biológico e o sal. Bata por 4 minutos em velocidade baixa; depois, por mais 6 minutos em velocidade alta.

> **SOVA MANUAL** Em uma bancada ou tigela, despeje a farinha e abra uma cova grande no centro. Junte metade da água, o levain líquido (ou seco), o fermento biológico esfarelado e o sal. Misture, acrescente o restante da água e amasse até incorporar toda a farinha 1. Sove a massa: comprima, imprimindo força, espalhe e dobre a massa sobre ela mesma 2 3 4. Faça isso repetidas vezes, até a massa ficar macia e homogênea.

> Forme uma bola de massa e cubra com um pano de prato ligeiramente umedecido. Deixe crescer por 1 hora. Ao final do tempo indicado, a massa terá dobrado de tamanho.

> Enfarinhe a bancada. Divida a massa em três porções iguais (cerca de 320 g cada) e forme três bolas. Cubra com um pano de prato e deixe descansar por 15 minutos.

> Unte as três fôrmas e as tampas. Para dar o formato final, achate delicadamente cada bola de massa com a palma da mão. Dobre cerca de um terço da massa sobre ela mesma 5 e pressione com a base da mão. Gire a massa, dobre as extremidades em direção ao centro para o pão ficar com o mesmo comprimento da fôrma 6. Dobre um terço da borda e pressione novamente 7. Dobre-a ao meio, no sentido do comprimento e una as bordas pressionando com a base da mão 8. Modele os outros pães.

> Coloque os pães nas fôrmas com a emenda virada para baixo 9; o pão deve ocupar entre um terço e metade do volume da fôrma. Tampe as fôrmas e deixe crescer por 1h30. Ao final do tempo indicado, a massa terá ocupado quase o volume total das fôrmas 10.

> Preaqueça o forno a 230 °C. Verifique se as tampas estão bem colocadas e leve ao forno por 25 minutos.

> Retire os pães do forno e a seguir das fôrmas. Deixe-os sobre uma grade até esfriarem.

Os pães orgânicos de fermentação natural

Pão redondo
de farinha de moinho orgânica

◎◎ **TEMPO DE PREPARO** ◎◎
sova 21min
pré-fermentação (autólise) 2h
crescimento inicial 2h45
crescimento final 2h
cozimento 40min

Para 1 pão de cerca de 950 g
150 g de farinha de trigo especial orgânica
350 g de farinha de moinho orgânica
320 g de água a 20 °C
125 g de levain líquido
(ou 30 g de levain seco)
1 g de fermento biológico fresco
10 g de sal

> **SOVA À MÁQUINA** Na tigela da batedeira, junte as duas farinhas e a água. Bata por 6 minutos em velocidade baixa. Retire a tigela da batedeira e cubra com um pano de prato ligeiramente umedecido. Deixe descansar por 2 horas. Em seguida, junte o levain líquido (ou seco), o fermento biológico e o sal. Bata por 15 minutos em velocidade baixa.

> **SOVA MANUAL** Em uma bancada ou tigela, junte as duas farinhas e abra uma cova grande no centro. Acrescente dois terços da água e misture até incorporar toda a farinha. Cubra com um pano de prato ligeiramente umedecido e deixe descansar por 2 horas. A seguir, coloque o restante da água, o levain líquido (ou seco), o fermento biológico esfarelado e o sal. Sove a massa até ficar macia e homogênea.

> Forme uma bola de massa e cubra com um pano de prato ligeiramente umedecido. Deixe crescer por 2h45. Após 15 minutos, trabalhe novamente a massa; finalize dobrando-a ao meio. Uma hora depois, dobre-a novamente. Ao final do tempo indicado, a massa terá dobrado de tamanho.

> Para dar o formato final, enfarinhe a bancada, retome a bola de massa e faça-a rolar entre as mãos, pressionando-a na bancada. Vire a massa em um banneton bem enfarinhado, com a emenda virada para cima. Segure as bordas da massa, traga-as para o centro e pressione para uni-las. Cubra com um pano de prato ligeiramente umedecido e deixe crescer por 2 horas.

> Coloque uma assadeira na grade inferior do forno. Preaqueça o forno a 230 °C. Vire o banneton delicadamente sobre uma assadeira forrada com papel-manteiga. Dessa vez, a emenda deve ficar virada para baixo.

> Faça quatro incisões, formando um quadrado (ver foto acima). Imediatamente antes de levar ao forno, despeje 50 ml de água na assadeira aquecida. Asse por 15 minutos. A seguir, baixe a temperatura para 200 °C e deixe assar por mais 25 minutos.

> Retire o pão do forno e deixe-o sobre uma grade até esfriar.

Os pães
enriquecidos

Pão
de avelãs e manteiga

◎◎ TEMPO DE PREPARO ◎◎
sova 15min
crescimento inicial 1h
descanso 15min
crescimento final 1h15
cozimento 10min + 20min

Para 4 pães de cerca de 290 g
175 g de avelãs sem pele
500 g de farinha de trigo especial
250 g de água a 20 ºC
100 g de levain líquido
(ou 25 g de levain seco)
5 g de fermento biológico fresco
10 g de sal
25 g de leite em pó
35 g de açúcar
75 g de manteiga amolecida

> Preaqueça o forno a 250 °C. Espalhe as avelãs em uma assadeira e deixe tostar por 10 minutos.

> **SOVA À MÁQUINA** Na tigela da batedeira, junte a farinha, a água, o levain líquido (ou seco), o fermento biológico, o sal, o leite em pó, o açúcar e a manteiga. Bata por 5 minutos em velocidade baixa; depois, por mais 10 minutos em velocidade alta. Ao terminar de sovar, misture as avelãs.

> **SOVA MANUAL** Em uma bancada ou tigela, despeje a farinha e abra uma cova grande no centro. Junte a metade da água, o levain líquido (ou seco), o fermento biológico esfarelado, o sal, o leite em pó e o açúcar. Misture, despeje o restante da água e amasse até incorporar toda a farinha. Adicione a manteiga. Sove a massa até ficar macia e homogênea. Ao terminar de sovar, misture as avelãs.

> Forme uma bola com a massa e cubra com um pano de prato umedecido. Deixe crescer por 1 hora. Na metade desse tempo, trabalhe novamente a massa; finalize dobrando-a ao meio. Ao final do tempo indicado, a massa terá dobrado de tamanho.

> Enfarinhe a bancada. Divida a massa em quatro porções iguais (cerca de 290 g cada) e forme quatro bolas. Cubra com um pano de prato e deixe descansar por 15 minutos.

> Para dar o formato final, achate delicadamente as peças de massa com a palma da mão. Dobre um terço da borda e pressione com os dedos. A seguir, dobre a borda oposta, por cima da primeira, e pressione novamente. Em seguida, dobre a massa ao meio, no sentido do comprimento, e pressione as bordas com a base da mão. Enrole a massa com as mãos até obter um filão bojudo. Modele os outros pães.

> Acomode os filões com as emendas viradas para baixo em uma assadeira forrada com papel-manteiga. Faça de sete a oito incisões inclinadas, equidistantes, em toda a superfície. Cubra com um pano de prato levemente umedecido e deixe crescer por 1h15.

> Coloque uma assadeira na grade inferior do forno. Preaqueça o forno a 230 °C. Imediatamente antes de levar ao forno, despeje 50 ml de água na assadeira aquecida. Asse por 20 minutos.

> Retire os filões do forno e deixe-os sobre uma grade até esfriarem.

Pão
de nozes e gorgonzola

◯◯ **TEMPO DE PREPARO** ◯◯

sova 15min
crescimento inicial 1h30
descanso 15min
crescimento final 1h
cozimento 18min

Para 4 pães de cerca de 280 g

500 g de farinha de trigo especial ✤ 325 g de água a 20 ºC ✤ 100 g de levain líquido (ou 25 g de levain seco) ✤ 5 g de fermento biológico fresco ✤ 10 g de sal ✤ 100 g de nozes picadas (10% do peso da massa) ✤ 100 g de gorgonzola (10% do peso da massa)

> **SOVA À MÁQUINA** Na tigela da batedeira, junte a farinha, a água, o levain líquido (ou seco), o fermento biológico e o sal. Bata por 5 minutos em velocidade baixa; depois, por mais 10 minutos em velocidade alta. Ao terminar de sovar, misture as nozes.

> **SOVA MANUAL** Em uma bancada ou tigela, despeje a farinha e abra uma cova grande no centro. Junte metade da água, o levain líquido (ou seco), o fermento biológico esfarelado e o sal. Misture, acrescente o restante da água e amasse até incorporar toda a farinha. Sove a massa até ficar macia e homogênea. Ao terminar de sovar, misture as nozes **1**.

> Forme uma bola com a massa **2** e cubra com um pano de prato ligeiramente umedecido. Deixe crescer por 1h30. Na metade desse tempo, trabalhe a massa; finalize dobrando-a ao meio. Ao final do tempo indicado, a massa terá dobrado de tamanho.

> Enfarinhe a bancada. Divida a massa em quatro porções iguais (cerca de 280 g cada) Role-as até que fiquem com uma forma alongada **3**. Cubra com um pano de prato e deixe descansar por 15 minutos.

> Corte o gorgonzola em tiras pequenas e estreitas **4**. Para dar o formato final, achate uma porção de massa com a palma da mão. Distribua um quarto das tiras de gorgonzola sobre a superfície **5**. Dobre um terço da borda para o centro e pressione com os dedos. Em seguida, dobre a massa ao meio, no sentido do comprimento, e una as bordas com a base da mão. Enrole a massa com as mãos, alongando-a, até obter uma bisnaga de 20 cm de comprimento **6**. Modele os outros pães.

> Acomode os pães com as emendas viradas para baixo em uma assadeira forrada com papel-manteiga. Cubra com um pano de prato levemente umedecido e deixe crescer por 1 hora.

> Preaqueça o forno a 250 °C. Faça uma incisão de ponta a ponta em cada pão **7**. Com um pincel ou borrifador de água, umedeça a superfície de cada pão **8**. Leve ao forno por 18 minutos.

> Retire os pães do forno e deixe-os sobre uma grade até esfriarem **9**.

Os pães enriquecidos

Pão
de matcha e laranja

⊙⊙ TEMPO DE PREPARO ⊙⊙
sova 15min
crescimento inicial 2h
descanso 15min
crescimento final 1h15
cozimento 18min

Para 4 pães de cerca de 260 g
150 g de cascas de laranja cristalizadas
500 g de farinha de trigo especial
250 g de água a 20 °C
100 g de levain líquido (ou 25 g de levain seco)
2 g de fermento biológico fresco
10 g de sal
30 g de azeite
10 g de matcha (chá verde em pó; encontrado em lojas de chá, de produtos naturais ou de produtos orientais)
25 g de água de flor de laranjeira

> Pique as cascas de laranja **1**.

> **SOVA À MÁQUINA** Na tigela da batedeira, coloque a farinha, a água, o levain líquido (ou seco), o fermento biológico e o sal. Bata por 5 minutos em velocidade baixa; depois, por mais 10 minutos em velocidade alta. Cerca de 2 minutos antes de terminar de sovar, junte o azeite. A seguir, com a batedeira desligada, acrescente o matcha **2** e a água de flor de laranjeira. Bata em velocidade baixa (a massa vai ficar esverdeada) **3**. Ao terminar de sovar, misture as cascas de laranja.

> **SOVA MANUAL** Em uma bancada ou tigela, despeje a farinha e abra uma cova grande no centro. Junte metade da água, o levain líquido (ou seco), o fermento biológico esfarelado e o sal. Misture e acrescente o restante da água, o azeite e a água de flor de laranjeira. Amasse até incorporar toda a farinha. Adicione o matcha e as cascas de laranja. Sove a massa até ficar macia e homogênea.

> Forme uma bola com a massa e cubra com um pano de prato umedecido. Deixe crescer por 2 horas. Na metade desse tempo, trabalhe novamente a massa; finalize dobrando-a ao meio. Ao final do tempo indicado, a massa terá dobrado de tamanho.

> Enfarinhe a bancada. Divida a massa em quatro porções iguais (cerca de 260 g cada) e forme quatro bolas. Cubra com um pano de prato e deixe descansar por 15 minutos.

> Para dar o formato final, retome uma bola de massa, role-a com as mãos até obter uma bola regular e lisa. Modele os outros pães.

> Acomode os pães com as emendas viradas para baixo em uma assadeira forrada com papel-manteiga. Cubra com um pano de prato e deixe crescer por 1h15.

> Coloque uma assadeira na grade inferior do forno. Preaqueça o forno a 240 °C. Faça incisões em forma de losangos **4** na superfície dos pães. Imediatamente antes de levar ao forno, despeje 50 ml de água na assadeira aquecida. Asse por 18 minutos.

> Retire os pães do forno e deixe-os sobre uma grade até esfriarem.

Pão de laranja

◎◎ **TEMPO DE PREPARO** ◎◎

sova 15min
crescimento inicial 2h
descanso 15min
crescimento final 1h
cozimento 30min

Para 4 pães de cerca de 260 g

500 g de farinha de trigo especial
310 g de água a 20 ºC
100 g de levain líquido
(ou 25 g de levain seco)
5 g de fermento biológico fresco
40 g de açúcar
10 g de sal
25 g de manteiga amolecida
25 g de água de flor de laranjeira
95 g de cascas de laranja cristalizadas cortadas em tiras

4 fôrmas com tampa medindo 18 cm x 8,5 cm x 7,5 cm

> **SOVA À MÁQUINA** Na tigela da batedeira, junte a farinha, a água, o levain líquido (ou seco), o fermento biológico, o açúcar e o sal. Bata por 5 minutos em velocidade baixa; depois, por mais 10 minutos em velocidade alta. Cerca de 2 minutos antes de terminar de sovar, incorpore a manteiga. Desligue a batedeira e acrescente a água de flor de laranjeira. Volte a bater em velocidade baixa.

> **SOVA MANUAL** Em uma bancada ou tigela, despeje a farinha e abra uma cova grande no centro. Junte metade da água, o levain líquido (ou seco), o fermento biológico esfarelado e o sal. Misture, acrescente o restante da água, a água de flor de laranjeira e o açúcar. Trabalhe a massa até incorporar toda a farinha. Junte a manteiga. Sove a massa até ficar macia e homogênea.

> Forme uma bola com a massa e cubra com um pano de prato umedecido. Deixe crescer por 2 horas. Na metade desse tempo, trabalhe novamente a massa; finalize dobrando-a ao meio. Ao final do tempo indicado, a massa terá dobrado de tamanho.

> Enfarinhe a bancada. Divida a massa em quatro porções iguais (cerca de 260 g cada) e forme quatro bolas. Cubra com um pano de prato e deixe descansar por 15 minutos.

> Para dar o formato final, achate delicadamente uma bola de massa com a palma da mão. Distribua de 3 a 4 tiras de casca de laranja sobre a superfície. Dobre um terço da borda da massa sobre o recheio e pressione com os dedos. Gire a peça 180° e distribua mais 3 ou 4 tiras de casca de laranja sobre a superfície. A seguir, dobre um terço da borda oposta por cima de tudo, e pressione novamente. Em seguida, dobre a massa ao meio, no sentido do comprimento, e pressione as bordas com a base da mão. Segure a massa pelas extremidades e dê uma torcida. Modele os outros pães.

> Unte as fôrmas com manteiga e acomode os pães. Pressione a massa levemente para preencher todo o fundo da fôrma. Cubra com um pano de prato ligeiramente umedecido e deixe crescer por 1 hora.

> Coloque uma assadeira na grade inferior do forno. Preaqueça o forno a 220 °C. Imediatamente antes de levar ao forno, despeje 50 ml de água na assadeira aquecida. Tampe as fôrmas e asse por 30 minutos.

> Retire os pães do forno e, a seguir, das fôrmas. Deixe-os sobre uma grade até esfriarem.

Pão de figo

⏱ TEMPO DE PREPARO

sova 15min
crescimento inicial 1h30
descanso 15min
crescimento final 1h
cozimento 20min

Para 4 pães de cerca de 290 g

500 g de farinha de trigo especial
320 g de água a 20 °C
100 g de levain líquido
(ou 25 g de levain seco)
5 g de fermento biológico fresco
10 g de sal
20 g de manteiga amolecida
200 g de figos secos picados grosseiramente

> **SOVA À MÁQUINA** Na tigela da batedeira, junte a farinha, a água, o levain líquido (ou seco), o fermento biológico e o sal. Bata por 5 minutos em velocidade baixa; depois, por mais 10 minutos em velocidade alta. Cerca de 3 minutos antes de terminar de sovar, incorpore a manteiga **1**. Desligue a batedeira, acrescente os pedaços de figo **2** e bata em velocidade baixa para não triturar a fruta.

> **SOVA MANUAL** Em uma bancada ou tigela, despeje a farinha e abra uma cova grande no centro. Junte metade da água, o levain líquido (ou seco), o fermento biológico esfarelado e o sal. Misture, acrescente o restante da água e amasse até incorporar toda a farinha. Adicione a manteiga. Sove a massa até ficar macia e homogênea. Ao terminar de sovar, misture os figos picados.

> Forme uma bola com a massa e cubra com um pano de prato umedecido. Deixe crescer por 1h30. Ao final do tempo indicado, a massa terá dobrado de tamanho.

> Enfarinhe a bancada. Divida a massa em quatro porções iguais (cerca de 290 g cada) e forme quatro bolas. Cubra com um pano de prato e deixe descansar por 15 minutos.

> Para dar o formato final, achate delicadamente uma bola de massa com a palma da mão. Dobre um terço da borda da massa sobre ela mesma e pressione com os dedos. A seguir, dobre a borda oposta, dessa vez um pouco mais de um terço, por cima da primeira, e pressione novamente. Em seguida, dobre a massa ao meio, no sentido do comprimento, e pressione as bordas com a base da mão. Enrole a massa com as mãos para obter um filão bojudo. Modele os outros pães.

> Acomode os pães, com as emendas viradas para baixo, em uma assadeira forrada com papel-manteiga. Cubra com um pano de prato e deixe crescer por 1 hora.

> Coloque uma assadeira na grade inferior do forno. Preaqueça o forno a 230 °C. Faça incisões cruzadas, para formar losangos **3**. Imediatamente antes de levar ao forno, despeje 50 ml de água na assadeira aquecida. Asse por cerca de 20 minutos.

> Retire os pães do forno e deixe-os sobre uma grade até esfriarem **4**.

Os pães enriquecidos

Pão
com mel

> **SOVA À MÁQUINA** Na tigela da batedeira, junte as duas farinhas, a água, o levain líquido (ou seco), o fermento biológico, o sal e o mel. Bata por 4 minutos em velocidade baixa; depois, por mais 6 minutos em velocidade alta.

> **SOVA MANUAL** Em uma bancada ou tigela, despeje a farinha e abra uma cova grande no centro. Junte metade da água, o levain líquido (ou seco), o fermento biológico esfarelado, o sal e o mel. Misture, acrescente o restante da água e trabalhe a massa até incorporar toda a farinha. Sove a massa até ficar macia e homogênea.

> Forme uma bola com a massa e cubra com um pano de prato umedecido. Deixe crescer por 1h30. Na metade desse tempo, trabalhe a massa; finalize dobrando-a ao meio. Ao final do tempo indicado, a massa terá dobrado de tamanho.

> Enfarinhe a bancada. Divida a massa em três porções iguais (cerca de 350 g cada) e forme três bolas. Cubra com um pano de prato e deixe descansar por 15 minutos.

> Retome a massa. Segure as bordas da massa, traga-as para o centro e pressione para uni-las. A seguir, vire-a novamente e role-a com as mãos, para formar uma bola regular e lisa. Modele os outros pães.

> Acomode os pães com as emendas viradas para baixo em uma assadeira forrada com papel-manteiga. Cubra com um pano de prato e deixe crescer por 1h30.

> Coloque uma assadeira na grade inferior do forno. Preaqueça o forno a 200 °C.

> Afunde o dedo indicador no centro de cada pão até formar um buraco. Faça quatro incisões formando um quadrado (ver p. 39) em torno do buraco, a seguir preencha-o com 1 colher (chá) de mel. Imediatamente antes de levar ao forno, despeje 50 ml de água na assadeira aquecida. Asse por 20 minutos.

> Retire os pães do forno e deixe-os sobre uma grade até esfriarem.

× **Variação:** Em vez de enfarinhar a bancada, unte-a com óleo de girassol. Modele as bolas de massa sobre a bancada. Segure as bordas da massa, traga-as para o centro e pressione para uni-las. Em seguida, coloque os pães dentro de bannetons, com as emendas viradas para baixo. Deixe crescer por 1h30. Passado esse tempo, vire-os sobre uma assadeira forrada com papel-manteiga (as emendas vão ficar viradas para cima) e leve para assar.

⊙⊙ TEMPO DE PREPARO ⊙⊙

sova 10min
crescimento inicial 1h30
descanso 15min
crescimento final 1h30
cozimento 20min

Para 3 pães de cerca de 350 g

250 g de farinha de trigo especial
250 g de farinha de centeio
300 g de água a 20 °C
100 g de levain líquido
(ou 25 g de levain seco)
3 g de fermento biológico fresco
10 g de sal
150 g de mel líquido
+ 3 colheres (chá) para
a finalização

Os pães enriquecidos

Pão
de nozes e manteiga

◐◐ TEMPO DE PREPARO ◐◐
sova 15min
crescimento inicial 1h30
descanso 15min
crescimento final 1h15
cozimento 17min

Para 5 pães de cerca de 220 g
500 g de farinha de trigo especial
225 g de água a 20 ºC
100 g de levain líquido
(ou 25 g de levain seco)
5 g de fermento biológico fresco
10 g de sal
25 g de leite em pó
35 g de açúcar
75 g de manteiga amolecida
150 g de nozes picadas

> **SOVA À MÁQUINA** Na tigela da batedeira, junte a farinha, a água, o levain líquido (ou seco), o fermento biológico, o sal, o leite em pó e o açúcar. Bata por 5 minutos em velocidade baixa **1**; depois, por mais 10 minutos em velocidade alta. Cerca de 2 ou 3 minutos antes de terminar de sovar, incorpore a manteiga e, a seguir, misture as nozes **2** **3**.

> **SOVA MANUAL** Em uma bancada ou tigela, despeje a farinha e abra uma cova grande no centro. Junte a metade da água, o levain líquido (ou seco), o fermento biológico esfarelado, o sal, o leite em pó e o açúcar. Misture, acrescente o restante da água e amasse até incorporar toda a farinha. Adicione a manteiga. Sove a massa até ficar macia e homogênea. Ao terminar de sovar, misture as nozes.

> Forme uma bola com a massa e cubra com um pano de prato umedecido. Deixe crescer por 1h30. Na metade desse tempo, trabalhe novamente a massa; finalize dobrando-a ao meio. Ao final do tempo indicado, a massa terá dobrado de tamanho.

> Enfarinhe a bancada. Divida a massa em cinco porções iguais (cerca de 220 g cada) e forme cinco bolas. Cubra com um pano de prato e deixe descansar por 15 minutos.

> Para dar o formato final, achate delicadamente uma bola de massa com a palma da mão. Dobre um terço da borda sobre ela mesma e pressione com os dedos. A seguir, dobre a borda oposta, dessa vez um pouco mais de um terço, e pressione novamente. Em seguida, dobre a massa ao meio, no sentido do comprimento, e una as bordas com a base da mão **4**. Enrole a massa com as mãos até obter um filão bojudo. Modele os outros pães.

> Faça incisões inclinadas na superfície dos pães **5**, distantes uma da outra cerca de 2 cm. Acomode os pães, com as emendas voltadas para baixo, sobre um pano de prato enfarinhado. Faça pregas no tecido, entre os pães, para separá-los. Cubra com um pano de prato e deixe crescer por 1h15.

> Coloque uma assadeira na grade inferior do forno. Preaqueça o forno a 230 °C. Transfira os pães para uma assadeira forrada com papel-manteiga. Imediatamente antes de levar ao forno, despeje 50 ml de água na assadeira aquecida. Asse por 17 minutos.

> Retire os pães do forno e deixe-os sobre uma grade até esfriarem.

× Variação: Para fazer um pão redondo, siga as explicações da p. 136.

Os pães enriquecidos

Pão de cúrcuma

⊚⊚ TEMPO DE PREPARO ⊚⊚

sova 15min
crescimento inicial 1h30
descanso 15min
crescimento final 1h
cozimento 17min

Para 4 pães de cerca de 250 g

500 g de farinha de trigo especial
250 g de água a 20 ºC
100 g de levain líquido
(ou 25 g de levain seco)
5 g de fermento biológico fresco
10 g de sal
25 g de leite em pó
35 g de açúcar
75 g de manteiga amolecida
5 g de cúrcuma (açafrão-da-terra) em pó

> **SOVA À MÁQUINA** Na tigela da batedeira, junte a farinha, a água, o levain líquido (ou seco), o fermento biológico, o sal, o leite em pó e o açúcar. Bata por 5 minutos em velocidade baixa; depois, por mais 10 minutos em velocidade alta. Cerca de 2 ou 3 minutos antes de terminar de sovar, incorpore a manteiga e, a seguir, o cúrcuma.

> **SOVA MANUAL** Em uma bancada ou tigela, despeje a farinha e abra uma cova grande no centro. Junte a metade da água, o levain líquido (ou seco), o fermento biológico esfarelado, o sal, o leite em pó e o açúcar. Misture, acrescente o restante da água e trabalhe a massa até incorporar toda a farinha. Adicione a manteiga e o cúrcuma. Sove a massa até ficar macia e homogênea.

> Forme uma bola com a massa e cubra com um pano de prato umedecido. Deixe crescer por 1h30. Na metade desse tempo, trabalhe novamente a massa; finalize dobrando-a ao meio. Ao final do tempo indicado, a massa terá dobrado de tamanho.

> Enfarinhe a bancada. Divida a massa em quatro porções iguais (cerca de 250 g) e forme quatro bolas. Cubra com um pano de prato e deixe descansar por 15 minutos.

> Para dar o formato final, achate delicadamente uma bola de massa com a palma da mão. Dobre um terço da borda da massa sobre ela mesma e pressione com os dedos. A seguir, dobre a borda oposta para o centro, dessa vez um pouco mais de um terço, por cima da primeira, e pressione novamente. Em seguida, dobre a massa ao meio, no sentido do comprimento, e pressione as bordas com a base da mão. Enrole a massa com as mãos para obter um filão bojudo. Modele os outros pães.

> Acomode os pães com as emendas voltadas para baixo em uma assadeira forrada com papel-manteiga. Cubra com um pano de prato ligeiramente umedecido e deixe crescer por 1 hora.

> Coloque uma assadeira na grade inferior do forno. Preaqueça o forno a 220 °C. Faça incisões em forma de chevrons na massa (ver p. 41), deixando um espaço de cerca de 2 cm entre as fileiras de incisões. Imediatamente antes de levar ao forno, despeje 50 ml de água na assadeira aquecida. Asse por 17 minutos.

> Retire os pães do forno e deixe-os sobre uma grade até esfriarem.

Os pães enriquecidos

Rosca
de doze frutas secas

◦◦ **TEMPO DE PREPARO** ◦◦

sova 15min
crescimento inicial 1h30
descanso 15min
crescimento final 2h
cozimento 10min + 20min

Para 2 roscas de cerca de 600 g

280 g de mix de frutas secas e oleaginosas (30% do peso da massa): avelãs, nozes-pecãs, pignoli, pistaches, uvas-passas escuras e claras, amêndoas, castanhas de caju, figos secos, ameixas-pretas, cranberries e damascos secos
✦ 500 g de farinha de trigo especial ✦ 325 g de água a 20 ºC
✦ 100 g de levain líquido (ou 25 g de levain seco) ✦ 5 g de fermento biológico fresco ✦ 10 g de sal ✦ 30 g de manteiga amolecida

> Preaqueça o forno a 250 °C. Espalhe as nozes-pecãs, as castanhas de caju, as avelãs, os pignoli e as amêndoas em uma assadeira e leve ao forno por 10 minutos para tostar 1.

> Pique os figos, as ameixas e os damascos 2. Reúna todas as frutas e oleaginosas em uma tigela e misture 3.

> **SOVA À MÁQUINA** Na tigela da batedeira, junte a farinha, a água, o levain líquido (ou seco), o fermento biológico e o sal. Bata por 5 minutos em velocidade baixa; depois, por mais 10 minutos em velocidade alta. Cerca de 3 minutos antes de terminar de sovar, incorpore a manteiga. Com a batedeira desligada, junte o recheio de frutas secas e oleaginosas e, então, bata em velocidade baixa.

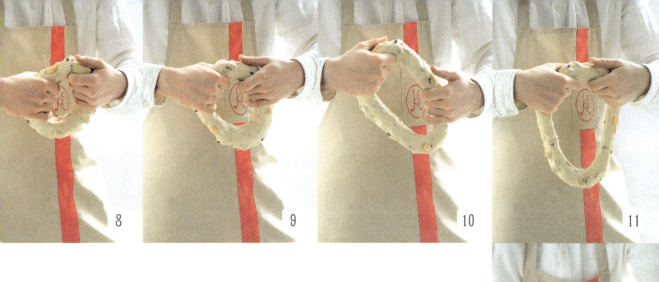

> **SOVA MANUAL** Em uma bancada ou tigela, despeje a farinha e abra uma cova grande no centro. Junte metade da água, o levain líquido (ou seco), o fermento biológico esfarelado e o sal. Misture, acrescente o restante da água e trabalhe a massa até incorporar toda a farinha. Adicione a manteiga. Sove a massa até ficar macia e homogênea. Ao terminar de sovar, junte o recheio de frutas secas e oleaginosas e misture bem.

> Forme uma bola com a massa e cubra com um pano de prato umedecido. Deixe crescer por 1h30. Ao final do tempo indicado, a massa terá dobrado de tamanho 4.

> Enfarinhe a bancada. Divida a massa em duas porções iguais (cerca de 600 g cada) e forme duas bolas. Cubra com um pano de prato e deixe descansar por 15 minutos.

> Coloque a ponta dos dedos no centro da bola de massa 5 e abra um buraco 6. Segure a massa com os dedos e deslize-a cuidadosamente 7. Segure-a no ar, gire-a, sempre segurando com os dedos e, ao mesmo tempo, vá aumentando o diâmetro do buraco 8. Delicadamente, continue alargando o centro da rosca até ficar com cerca de 30 cm de diâmetro 9 10 11. Modele a outra rosca.

> Acomode as roscas em bannetons com buracos no centro, previamente enfarinhados 12. Cubra com um pano de prato ligeiramente umedecido e deixe crescer por 2 horas.

> Coloque uma assadeira na grade inferior do forno. Preaqueça o forno a 230 °C. Vire as roscas em assadeiras forradas com papel-manteiga. Faça incisões a gosto (opcional) 13. Imediatamente antes de levar ao forno, despeje 50 ml de água na assadeira aquecida. Asse por cerca de 20 minutos.

> Retire as roscas do forno e deixe-as sobre uma grade até esfriarem.

Os pães enriquecidos

Pão de gergelim

⏱ TEMPO DE PREPARO ⏱

demolha do gergelim 2 ou 3h
sova 15min
crescimento inicial 2h
descanso 15min
crescimento final 1h30
cozimento 10min + 18min

Para 4 pães de cerca de 300 g

100 g de gergelim + 100 g para a finalização

500 g de farinha de trigo especial

325 g de água a 20 ºC + 70 g para a demolha do gergelim

100 g de levain líquido (ou 25 g de levain seco)

5 g de fermento biológico fresco

10 g de sal

> Preaqueça o forno a 250 °C. Espalhe 100 g de gergelim (10% do peso da massa) em uma assadeira forrada com papel-manteiga e deixe tostar ligeiramente [1]. Em seguida, coloque-o em uma tigela com 70 g de água [2].

> **SOVA À MÁQUINA** Na tigela da batedeira, junte a farinha, a água, o levain líquido (ou seco), o fermento biológico e o sal. Bata por 5 minutos em velocidade baixa; depois, por mais 10 minutos em velocidade alta. Ao terminar de sovar, junte o gergelim tostado e a água da demolha e misture até incorporar esses dois ingredientes.

> **SOVA MANUAL** Em uma bancada ou tigela, despeje a farinha e abra uma cova grande no centro. Junte metade da água, o levain líquido (ou seco), o fermento biológico esfarelado e o sal. Misture, acrescente o restante da água e amasse até incorporar toda a farinha. Adicione o gergelim tostado e a água da demolha. Sove a massa até ficar macia e homogênea.

> Forme uma bola com a massa e cubra com um pano de prato umedecido. Deixe crescer por 2 horas. Na metade desse tempo, trabalhe novamente a massa; finalize dobrando-a ao meio. Ao final do tempo indicado, a massa terá dobrado de tamanho.

> Enfarinhe a bancada. Divida a massa em quatro porções iguais (cerca de 300 g cada) e forme quatro bolas. Cubra com um pano de prato e deixe descansar por 15 minutos.

> Para dar o formato final, achate delicadamente uma bola de massa com a palma da mão. Dobre um terço da borda da massa sobre ela mesma e pressione com a ponta dos dedos. A seguir, dobre a borda oposta, dessa vez um pouco mais de um terço, por cima da primeira, e pressione novamente. Em seguida, dobre a massa ao meio, no sentido do comprimento, e pressione as bordas com a base da mão. Modele os outros pães.

> Espalhe o gergelim cru em um prato raso. Com a ajuda de um cortador de massas, faça uma incisão de ponta a ponta na superfície de cada pão. Segure os filões pelas extremidades e torça-os. A seguir, umedeça a superfície dos pães e passe-os pelo gergelim.

> Acomode os pães em assadeiras forradas com papel-manteiga. Cubra com um pano de prato umedecido e deixe crescer por 1h30. Ao final do tempo indicado, a massa terá dobrado de tamanho [3].

> Coloque uma assadeira na grade inferior do forno. Preaqueça o forno a 230 °C. Faça duas incisões inclinadas na superfície dos pães. Imediatamente antes de levar ao forno, despeje 50 ml de água na assadeira aquecida. Asse por cerca de 18 minutos.

> Retire os pães do forno e deixe-os sobre uma grade até esfriarem [4].

Os pães enriquecidos

Pão
de tinta de lula

◎◎ TEMPO DE PREPARO ◎◎

sova 16min
pré-fermentação (autólise) 1h
crescimento inicial 45min
descanso 30min
crescimento final 3h
cozimento 20min

Para 3 pães de cerca de 310 g

500 g de farinha de trigo especial
300 g de água a 20 °C
100 g de levain líquido
(ou 25 g de levain seco)
3 g de fermento biológico fresco
10 g de sal
10 g de tinta de lula em pó
(pode ser adquirida em mercados gourmet ou pela internet)

> **SOVA À MÁQUINA** Na tigela da batedeira, junte a farinha e a água. Bata por 5 minutos em velocidade baixa. Retire a tigela da batedeira e cubra-a com um pano de prato ligeiramente umedecido. Deixe descansar por 1 hora. Passado esse tempo, incorpore o levain líquido (ou seco), o fermento biológico, o sal e a tinta de lula. Bata por mais 4 minutos em velocidade baixa; depois, por mais 7 minutos em velocidade alta.

> **SOVA MANUAL** Em uma bancada ou tigela, despeje a farinha e abra uma cova grande no centro. Junte dois terços da água e misture até incorporar toda a farinha. Cubra com um pano de prato ligeiramente umedecido e deixe descansar por 1 hora. Adicione o restante da água, o levain líquido (ou seco), o fermento biológico esfarelado, o sal e a tinta de lula. Sove a massa até ficar macia e homogênea.

> Forme uma bola com a massa e cubra com um pano de prato umedecido. Deixe crescer por 45 minutos. Ao final do tempo indicado, a massa terá dobrado de tamanho.

> Enfarinhe a bancada. Divida a massa em três porções iguais (cerca de 310 g cada), forme três bolas e, a seguir, alongue-as ligeiramente. Cubra com um pano de prato e deixe descansar por 30 minutos.

> Com a ajuda de um cortador de massas, corte cada porção de massa em três tiras, no sentido do comprimento. Puxe delicadamente cada tira até ficar com 1,5-2 cm de largura por 30 cm de comprimento. Procure deixar o meio das tiras mais largo e as pontas mais finas.

> Pegue duas tiras de massa, forme um V invertido e una as pontas. Sobreponha entre elas mais uma tira e pressione as três. Trance as tiras de massa e, ao terminar, pressione firmemente as pontas. Modele as outras tranças.

> Acomode as tranças em uma assadeira forrada com papel-manteiga. Cubra com um pano de prato ligeiramente umedecido e deixe crescer por 3 horas.

> Coloque uma assadeira na grade inferior do forno. Preaqueça o forno a 230 °C. Imediatamente antes de levar ao forno, despeje 50 ml de água na assadeira aquecida. Asse por cerca de 20 minutos.

> Retire as tranças do forno e deixe-as sobre uma grade até esfriarem.

Os pães enriquecidos

Os pães
à base de azeite

Ciabatta natural

❊❊ TEMPO DE PREPARO ❊❊

sova 12min
crescimento inicial 2h
repouso 15min
crescimento final 1h
cozimento 16min

Para 4 ciabattas de cerca de 240 g

500 g de farinha de trigo especial ✛ 320 g de água a 20 ºC
✛ 100 g de levain líquido (ou 25 g de levain seco)
✛ 5 g de fermento biológico fresco ✛ 10 g de sal ✛
30 g de azeite + o suficiente para pincelar os pães

> **SOVA À MÁQUINA** Na tigela da batedeira, junte a farinha, a água, o levain líquido (ou seco), o fermento biológico e o sal. Bata por 5 minutos em velocidade baixa; depois, por mais 7 minutos em velocidade alta. Cerca de 2 minutos antes de terminar de sovar, incorpore o azeite.

> **SOVA MANUAL** Em uma bancada ou tigela, despeje a farinha e abra uma cova grande no centro ❶. Junte metade da água ❷ e misture com um pouco da farinha do interior do buraco. Acrescente o levain líquido ❸ (ou seco), o fermento biológico esfarelado e o sal. Comece a misturar com uma das mãos ❹. Com a outra, traga a farinha das bordas para o centro. Aos poucos, adicione o restante da água e depois o azeite ❺ e misture até

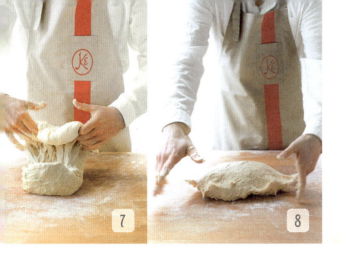

incorporar toda a farinha 6. Segure a massa com as duas mãos 7 e lance-a com força sobre a bancada. A seguir, pegue a borda que está próxima a você e rebata do lado oposto 8. Repita esses movimentos várias vezes até a massa ficar macia e homogênea.

> Forme uma bola com a massa 9 e cubra com um pano de prato umedecido. Deixe crescer por 2 horas em temperatura ambiente. Na metade desse tempo, trabalhe novamente a massa; finalize dobrando-a ao meio. Ao final do tempo indicado, a massa terá dobrado de tamanho 10.

> Enfarinhe a bancada. Divida a massa em quatro porções iguais (cerca de 240 g cada) 11. Enrole as porções dando-lhes o formato alongado e bojudo. Cubra com um pano de prato e deixe descansar por 15 minutos.

> Para dar o formato final, achate delicadamente cada porção de massa com a palma da mão. Dobre um terço da borda da massa para o centro e pressione com a ponta dos dedos. A seguir, dobre a borda oposta, por cima da primeira, e pressione novamente 12. Modele os outros pães.

> Acomode os pães com as emendas viradas para baixo. Cubra com um pano de prato levemente umedecido e deixe crescer por 1 hora.

> Coloque uma assadeira na grade inferior do forno. Preaqueça o forno a 235 °C. Transfira os pães, com as emendas viradas para cima, para uma assadeira forrada com papel-manteiga.

> Imediatamente antes de levar ao forno, despeje 50 ml de água na assadeira aquecida. Asse por cerca de 4 minutos. A seguir, baixe a temperatura para 220 °C e deixe assar por mais 12 minutos.

> Retire as ciabattas do forno. Com a ajuda de um pincel, passe uma fina camada de azeite em toda a superfície dos pães ainda quentes. Deixe-os sobre uma grade até esfriarem.

Os pães à base de azeite

Os pães à base de azeite são encontrados em todas as padarias da região mediterrânea, que é o hábitat das oliveiras. Contudo, quando se pensa em panificação à base de azeite, lembramos imediatamente dos panini all'olio italianos. Eles superam todos os outros! Por serem tão especiais, a panificação francesa também adotou, há muito tempo, a focaccia, originária de Gênova; a ciabatta, nascida em Veneza, e os grissini, sempre presentes à mesa, acompanhando os aperitivos. A particularidade desses pães se deve à adição de azeite à massa e à sua grande hidratação, que lhes confere um miolo aveludado, que desmancha na boca. Experimente e se delicie com a **ciabatta natural** e suas variações (ver pp. 158 a 165), a perfumada **focaccia de alecrim** (ver p. 267) e suas variações (ver pp. 170 a 176), a irresistível **pizza** (ver p. 178), os **grissini** (ver p. 236), isso sem falar no **pão de manjericão** e no **pão de tomate seco** (ver pp. 166 e 169, respectivamente).

Ciabatta
de grãos e sementes

> Preaqueça o forno a 250 °C. Espalhe o mix de grãos e sementes em uma assadeira e leve ao forno para dourar por 10 minutos. Em seguida, deixe de molho em uma tigela com 60 g de água (essa água será totalmente absorvida).

> **SOVA À MÁQUINA** Na tigela da batedeira, junte a farinha, a água, o levain líquido (ou seco), o fermento biológico e o sal. Bata por 5 minutos em velocidade baixa; depois, por mais 10 minutos em velocidade alta. Cerca de 2 minutos antes de terminar de sovar, incorpore o azeite e, em seguida, o mix de grãos e sementes.

> **SOVA MANUAL** Em uma bancada ou tigela, despeje a farinha e abra uma cova grande no centro. Junte metade da água, o levain líquido (ou seco), o fermento biológico esfarelado e o sal. Misture, acrescente o restante da água, o azeite e o mix de grãos e sementes. Amasse até incorporar toda a farinha. Sove a massa até ficar macia e homogênea.

> Forme uma bola com a massa e cubra com um pano de prato umedecido. Deixe por 2 horas em temperatura ambiente. Na metade desse tempo, trabalhe novamente a massa e depois dobre-a ao meio. Ao final desse tempo, a massa terá dobrado de tamanho.

> Enfarinhe a bancada. Divida a massa em quatro porções iguais (cerca de 280 g cada). Enrole as porções, dando-lhes uma forma alongada e bojuda. Cubra com um pano de prato e deixe descansar por 15 minutos.

> Para dar o formato final, achate delicadamente cada porção de massa com a palma da mão. Dobre um terço da borda da massa para o centro e pressione-a com a ponta dos dedos. A seguir, dobre a borda oposta por cima da primeira e pressione novamente. Modele os outros pães

> Vire as ciabattas para as emendas ficarem viradas para baixo e umedeça-as com a ajuda de um pincel ou um vaporizador.

> Espalhe o mix de grãos e sementes em um prato raso. Passe as ciabattas, uma a uma, por esse mix e pressione para aderirem à superfície umedecida. Acomode-as em uma assadeira forrada com papel-manteiga, com os grãos e as sementes viradas para cima. Cubra com um pano de prato umedecido e deixe crescer por 1 hora.

> Coloque uma assadeira na grade inferior do forno. Preaqueça o forno a 240 °C. Imediatamente antes de levar ao forno, despeje 50 ml de água na assadeira aquecida. Asse por cerca de 4 minutos. A seguir, baixe a temperatura para 220 °C e deixe assar por mais 11 minutos.

> Retire as ciabattas do forno. Com a ajuda de um pincel, passe uma fina camada de azeite em toda a superfície dos pães ainda quentes e deixe-os sobre uma grade até esfriarem.

⊙⊙ TEMPO DE PREPARO ⊙⊙
sova 15min
crescimento inicial 2h
repouso 15min
crescimento final 1h
cozimento 10min + 15min

Para 4 ciabattas de cerca de 280 g

90 g de mix de grãos e sementes: painço, sementes de abóbora e gergelim + o suficiente para a finalização

500 g de farinha de trigo especial

325 g de água a 20 °C + 60 g para a demolha do mix de grãos e sementes

100 g de levain líquido (ou 25 g de levain seco)

5 g de fermento biológico fresco

10 g de sal

30 g de azeite + o suficiente para pincelar os pães

Os pães à base de azeite

Ciabatta
de trigo-sarraceno

◯◯ **TEMPO DE PREPARO** ◯◯
sova 15min
crescimento inicial 2h
repouso 15min
crescimento final 1h
cozimento 12min

Para 4 ciabattas de cerca de 240 g
450 g de farinha de trigo especial
50 g de farinha de trigo-sarraceno
100 g de levain líquido
(ou 25 g de levain seco)
3 g de fermento biológico fresco
10 g de sal
325 g de água a 20 °C
30 g de azeite + o suficiente para pincelar os pães

> **SOVA À MÁQUINA** Na tigela da batedeira, junte as duas farinhas, o levain líquido (ou seco), o fermento biológico, o sal e a água. Bata por 5 minutos em velocidade baixa; depois, por mais 10 minutos em velocidade alta. Cerca de 3 minutos antes de terminar de sovar, incorpore o azeite.

> **SOVA MANUAL** Em uma bancada ou tigela, despeje a farinha, abra uma cova grande no centro e salpique o sal **1**. Junte a metade da água, o fermento biológico esfarelado **2** e o levain líquido (ou seco). Misture e acrescente o restante da água e o azeite. Amasse até incorporar toda a farinha. Sove a massa até ficar macia e homogênea.

> Forme uma bola com a massa **3** e cubra com um pano de prato umedecido. Deixe crescer por 2 horas em temperatura ambiente. Na metade desse tempo, trabalhe novamente a massa; finalize dobrando-a ao meio. Ao final do tempo indicado, a massa terá dobrado de tamanho.

> Enfarinhe a bancada. Divida a massa em quatro porções iguais (cerca de 240 g cada). Enrole as porções, dando-lhes uma forma alongada e bojuda. Cubra com um pano de prato e deixe descansar por 15 minutos.

> Para dar o formato final, achate delicadamente cada porção de massa com a palma da mão. Dobre um pouco mais de um terço da borda para o centro **4** e pressione com a ponta

Os pães à base de azeite

dos dedos. A seguir, dobre a borda oposta, por cima da primeira, e pressione novamente 5. Modele os outros pães.

> Cubra as peças de massa, com as emendas viradas para cima, com um pano de prato ligeiramente umedecido. Deixe crescer por 1 hora.

> Coloque uma assadeira na grade inferior do forno. Preaqueça o forno a 235 °C. Transfira as ciabattas, com as emendas viradas para cima, para uma assadeira forrada com papel-manteiga.

> Imediatamente antes de levar ao forno, despeje 50 ml de água na assadeira aquecida. Asse por cerca de 4 minutos. A seguir, baixe a temperatura para 220 °C e deixe assar por mais 8 minutos.

> Retire as ciabattas do forno. Com a ajuda de um pincel, passe uma fina camada de azeite em toda a superfície dos pães ainda quentes e deixe-os sobre uma grade até esfriarem.

Ciabatta com sementes de abóbora

TEMPO DE PREPARO
sova 15min
crescimento inicial 2h
repouso 15min
crescimento final 1h
cozimento 10min + 15min

Para 4 ciabattas de cerca de 280 g
100 g de sementes de abóbora cruas + o suficiente para a finalização

500 g de farinha de trigo especial

320 g de água a 20 °C + 70 g para a demolha das sementes de abóbora

100 g de levain líquido (ou 25 g de levain seco)

5 g de fermento biológico fresco

10 g de sal

30 g de azeite + o suficiente para a finalização

> Preaqueça o forno a 250 °C. Espalhe as sementes de abóbora em uma assadeira e leve ao forno para dourar por 10 minutos. Em seguida, deixe de molho em uma tigela com 70 g de água (essa água será totalmente absorvida).

> **SOVA À MÁQUINA** Na tigela da batedeira, junte a farinha, a água, o levain líquido (ou seco), o fermento biológico e o sal. Bata por 5 minutos em velocidade baixa; depois, por mais 10 minutos em velocidade alta. Cerca de 3 minutos antes de terminar de sovar, incorpore o azeite. Desligue a batedeira, acrescente as sementes de abóbora torradas e misture.

> **SOVA MANUAL** Em uma bancada ou tigela, despeje a farinha e abra uma cova grande no centro. Junte metade da água, o levain líquido (ou seco), o fermento biológico esfarelado e o sal. Misture e acrescente o restante da água, o azeite e as sementes de abóbora. Amasse até incorporar toda a farinha. Sove a massa até ficar macia e homogênea.

> Forme uma bola com a massa e cubra com um pano de prato umedecido. Deixe crescer por 2 horas em temperatura ambiente. Na metade desse tempo, trabalhe novamente a massa; finalize dobrando-a ao meio. Ao final, a massa terá dobrado de tamanho.

> Enfarinhe a bancada. Divida a massa em quatro porções iguais (cerca de 280 g iguais). Enrole as porções, dando-lhes a forma alongada e bojuda. Cubra com um pano de prato e deixe descansar por 15 minutos.

> Para dar o formato final, achate delicadamente as peças de massa com a palma da mão, espalhando-a para os lados. Dobre um terço da borda de massa, sobre ela mesma, e pressione-a com a ponta dos dedos **1**. A seguir, dobre a borda oposta, por cima da primeira, e pressione novamente **2**. Modele os outros pães.

> Posicione as peças de massa com as emendas viradas para baixo. Espalhe as sementes de abóbora em um prato raso. Com a ajuda de um pincel **3** ou vaporizador, umedeça a superfície dos pães. Passe as ciabattas pelas sementes de abóbora e pressione para aderirem à superfície umedecida **4 5**. Acomode-as em uma assadeira forrada com papel-manteiga, com as emendas viradas para baixo. Cubra com um pano de prato ligeiramente umedecido e deixe crescer por 1 hora.

> Coloque uma assadeira na grade inferior do forno. Preaqueça o forno a 235 °C. Imediatamente antes de levar ao forno, despeje 50 ml de água na assadeira aquecida. Asse por 4 minutos. A seguir, baixe a temperatura para 220 °C e deixe assar por mais 11 minutos.

> Retire as ciabattas do forno. Com a ajuda de um pincel, passe uma fina camada de azeite em toda a superfície dos pães ainda quentes e deixe-os sobre uma grade até esfriarem.

Os pães à base de azeite

variação
Ciabatta redonda

> Divida a massa em quatro porções iguais. Pegue uma das porções, trabalhe a massa, trazendo as bordas para o centro, e pressione-a com a ponta dos dedos. Role a massa entre as mãos, pressionando-a levemente até obter uma bola regular e lisa. Modele os outros pães. Cubra-os com um pano de prato e deixe-os descansar por 15 minutos. Com a ajuda de um pincel ou borrifador, umedeça toda a superfície do pão. Passe as ciabattas, uma a uma, pelas sementes de abóbora cruas, e pressione delicadamente para aderirem à superfície umedecida. Para assar, siga as instruções da receita da p. 163.

Pão de manjericão

⏱ TEMPO DE PREPARO ⏱

demolha do manjericão 6-12h
sova 15min
crescimento inicial 2h
repouso 15min
crescimento final 1h
cozimento 18min

Para 4 pães de cerca de 250 g

75 g de folhas de manjericão frescas
30 g de azeite + o suficiente para pincelar os pães
500 g de farinha de trigo especial
300 g de água a 20 ºC
100 g de levain líquido (ou 25 g de levain seco)
3 g de fermento biológico fresco
10 g de sal

> Na véspera (ou com, no mínimo, 6 horas de antecedência), pique grosseiramente as folhas de manjericão ❶ e deixe-as de molho no azeite ❷.

> **SOVA À MÁQUINA** Na tigela da batedeira, junte a farinha, a água, o levain líquido (ou seco), o fermento biológico e o sal. Bata por 5 minutos em velocidade baixa; depois, por mais 10 minutos em velocidade alta. Cerca de 3 minutos antes de terminar de sovar, incorpore o azeite com o manjericão.

> **SOVA MANUAL** Em uma bancada ou tigela, despeje a farinha e abra uma cova grande no centro. Junte metade da água, o levain líquido (ou seco), o fermento biológico esfarelado e o sal. Misture e acrescente o restante da água e o azeite com o manjericão. Amasse até incorporar toda a farinha. Em seguida, sove a massa até ficar macia e homogênea.

> Forme uma bola com a massa e cubra com um pano de prato umedecido. Deixe crescer por 2 horas em temperatura ambiente. Na metade desse tempo, trabalhe novamente a massa; finalize dobrando-a ao meio. Ao final do tempo indicado, a massa terá dobrado de tamanho.

> Enfarinhe a bancada. Divida a massa em quatro porções iguais (cerca de 250 g cada). Dobre cada porção ao meio e modele em formato de bola. Deixe descansar por 15 minutos, com as emendas viradas para baixo.

> Enfarinhe a bancada. Retome as bolas de massa. Uma a uma, role-as entre as mãos até obter bolas regulares e lisas ❸. Cubra com um pano de prato ligeiramente umedecido e deixe descansar por 1 hora.

> Coloque uma assadeira na parte inferior do forno. Preaqueça o forno a 235 °C. Transfira os pães, que terão aumentado de volume ❹, para uma assadeira forrada com papel-manteiga. Faça incisões formando losangos ❺.

> Imediatamente antes de levar ao forno, despeje 50 ml de água na assadeira aquecida. Asse por 4 minutos. A seguir, baixe a temperatura para 220 °C e deixe assar por mais 14 minutos.

> Retire as ciabattas do forno. Com a ajuda de um pincel, passe uma fina camada de azeite em toda a superfície dos pães ainda quentes e deixe-os sobre uma grade até esfriarem.

Os pães à base de azeite

Pão
de tomates secos

⊙⊙ TEMPO DE PREPARO ⊙⊙

sova 15min
crescimento inicial 2h
repouso 15min
crescimento final 1h
cozimento 15min

Para 4 pães de cerca de 270 g

500 g de farinha de trigo especial
300 g de água a 20 °C
100 g de levain líquido
(ou 25 g de levain seco)
3 g de fermento biológico fresco
10 g de sal
30 g de azeite + o suficiente para pincelar os pães
150 g de tomates secos, em óleo, picados

> **SOVA À MÁQUINA** Na tigela da batedeira, junte a farinha, a água, o levain líquido (ou seco), o fermento biológico e o sal. Bata por 5 minutos em velocidade baixa; depois, por mais 10 minutos em velocidade alta. Cerca de 3 minutos antes de terminar de sovar, incorpore o azeite. Em seguida, desligue a batedeira, junte os tomates secos e bata em velocidade baixa.

> **SOVA MANUAL** Em uma bancada ou tigela, despeje a farinha e abra uma cova grande no centro. Junte metade da água, o levain líquido (ou seco), o fermento biológico esfarelado e o sal. Misture, acrescente o restante da água e o azeite e amasse até incorporar toda a farinha. Em seguida, sove a massa até ficar macia e homogênea. Ao terminar de sovar, incorpore os tomates secos.

> Forme uma bola com a massa e cubra com um pano de prato umedecido. Deixe crescer por 2 horas em temperatura ambiente. Na metade desse tempo, trabalhe novamente a massa; finalize dobrando-a ao meio. Ao final do tempo indicado, a massa terá dobrado de volume.

> Enfarinhe a bancada. Divida a massa em quatro porções iguais (cerca de 270 g cada) **1**. Dobre cada porção ao meio **2** e modele em formato de bola **3**. Cubra com um pano de prato e deixe descansar por 15 minutos, com as emendas viradas para baixo.

> Para dar o formato final, achate delicadamente cada bola de massa com a palma da mão. Dobre um terço da borda da massa, sobre ela mesma, e pressione com a ponta dos dedos. A seguir, dobre a borda oposta, dessa vez um pouco mais de um terço, e pressione novamente. Em seguida, dobre a massa ao meio e no sentido do comprimento e pressione a borda com a base da mão **4**. Modele os outros pães.

> Acomode as peças de massa com as emendas viradas para baixo em uma assadeira forrada com papel-manteiga. Faça incisões inclinadas equidistantes (ver p. 41). Cubra com um pano de prato ligeiramente umedecido e deixe descansar por 1 hora.

> Coloque uma assadeira na grade inferior do forno. Preaqueça o forno a 235 °C. Imediatamente antes de levar ao forno, despeje 50 ml de água na assadeira aquecida. Asse por 4 minutos. A seguir, baixe a temperatura para 220 °C e deixe assar por mais 11 minutos.

> Retire os pães do forno. Com a ajuda de um pincel, passe uma fina camada de azeite em toda a superfície dos pães ainda quentes e deixe-os sobre uma grade até esfriarem.

Os pães à base de azeite

Fougasse
de queijo de cabra

◔◔ **TEMPO DE PREPARO** ◔◔

sova 15min
crescimento inicial 2h
repouso 15min
crescimento final 1h
cozimento 18min

Para 4 fougasses de cerca de 330 g

500 g de farinha de trigo especial
300 g de água a 20 °C
100 g de levain líquido
(ou 25 g de levain seco)
5 g de fermento biológico fresco
10 g de sal
30 g de azeite + o suficiente para pincelar os pães
100 g de creme de leite fresco
100 g de queijo emmenthal ralado
200 g de queijo de cabra comum coberto por cinzas ou outro queijo a sua escolha

> **SOVA À MÁQUINA** Na tigela da batedeira, junte a farinha, a água, o levain líquido (ou seco), o fermento biológico e o sal. Bata por 5 minutos em velocidade baixa; depois, por mais 10 minutos em velocidade alta. Cerca de 3 minutos antes de terminar de sovar, incorpore o azeite.

> **SOVA MANUAL** Em uma bancada ou tigela, despeje a farinha e abra uma cova grande no centro. Junte a metade da água, o levain líquido (ou seco), o fermento biológico esfarelado e o sal. Misture, acrescente o restante da água e o azeite. Amasse até incorporar toda a farinha. Sove a massa até ficar macia e homogênea.

> Forme uma bola com a massa e cubra com um pano de prato umedecido. Deixe crescer por 2 horas em temperatura ambiente. Na metade desse tempo, trabalhe novamente a massa; finalize dobrando-a ao meio. Ao final do tempo indicado, a massa terá aumentado de volume.

> Enfarinhe a bancada. Divida a massa em quatro porções iguais (cerca de 330 g cada). Uma a uma, dobre a borda da massa em direção ao centro e pressione levemente. A seguir, molde-a em formato de bola. Cubra com um pano de prato e deixe descansar por 15 minutos com as emendas viradas para baixo.

> Corte o queijo de cabra em fatias. Com a ajuda de um rolo, abra uma bola de massa, alongando-a e mantendo as pontas arredondadas, até atingir 40 cm de comprimento e cerca de 5 mm de espessura **1**. Cubra metade da superfície da massa com creme de leite fresco, deixando uma borda de 2 cm sem creme **2**. Polvilhe o emmenthal ralado sobre o creme de leite fresco **3** e distribua algumas fatias do queijo de cabra **4**. Com um cortador de massas, faça três incisões inclinadas no lado que está sem recheio **5** e dobre, cobrindo o recheio **6**. Pressione toda a borda da fougasse. Modele os outros pães.

> Coloque as fougasses em assadeiras ligeiramente untadas com azeite. Cubra com um pano de prato e deixe descansar por 1 hora.

> Coloque uma assadeira na parte inferior do forno. Preaqueça o forno a 235 °C. Imediatamente antes de levar ao forno, despeje 50 ml de água na assadeira aquecida. Asse por 4 minutos. A seguir, baixe a temperatura para 220 °C e deixe assar por mais 14 minutos.

> Retire as fougasses do forno. Com a ajuda de um pincel, passe uma fina camada de azeite em toda a superfície das fougasses ainda quentes **7** e deixe-as sobre uma grade até esfriarem.

Os pães à base de azeite

Fougasse
de azeitonas pretas e verdes

◯◯ **TEMPO DE PREPARO** ◯◯

sova 15min
crescimento inicial 2h
repouso 15min
crescimento final 1h
cozimento 13min

Para 4 fougasses de cerca de 300 g

500 g de farinha de trigo especial ✦ 100 g de levain líquido (ou 25 g de levain seco) ✦ 5 g de fermento biológico fresco ✦ 10 g de sal ✦ 320 ml de água a 20 ºC ✦ 30 g de azeite + o suficiente para pincelar as fougasses ✦ 200 g de azeitonas pretas e verdes, sem caroços, inteiras ou picadas + o suficiente para decorar ✦ 100 g de queijo emmenthal ralado grosso

> **SOVA À MÁQUINA** Na tigela da batedeira, junte a farinha, a água, o levain líquido (ou seco), o fermento biológico e o sal. Bata por 5 minutos em velocidade baixa; depois, por mais 10 minutos em velocidade alta. Cerca de 3 minutos antes de terminar de sovar, incorpore o azeite. Com a batedeira desligada, junte as azeitonas e bata novamente 1.

> **SOVA MANUAL** Em uma bancada ou tigela, despeje a farinha e abra uma cova grande no centro. Junte metade da água, o levain líquido (ou seco), o fermento biológico esfarelado e o sal. Misture, acrescente o restante da água e o azeite. Amasse até incorporar toda a farinha. Trabalhe a massa até ficar macia e homogênea e adicione as azeitonas.

> Forme uma bola com a massa e cubra com um pano de prato umedecido. Deixe crescer por 2 horas em temperatura ambiente. Na metade desse tempo, trabalhe novamente a massa; finalize dobrando-a ao meio. Ao final do tempo indicado, a massa terá dobrado de tamanho 2.

> Enfarinhe a bancada. Divida a massa em quatro porções iguais (cerca de 300 g cada) 3. Enrole cada porção, dando-lhe um formato alongado 4. Cubra com um pano de prato e deixe descansar por 15 minutos, com as emendas voltadas para baixo.

> Uma a uma, abra cada porção de massa com um rolo, alongando-a e mantendo as pontas arredondadas, até atingir 20 cm de comprimento e cerca de 2 cm de espessura 5. Com a ajuda de um pincel, umedeça toda a superfície da massa 6. Espalhe o queijo emmenthal ralado sobre a bancada. Passe as fougasses, uma a uma, pelo queijo emmenthal e pressione delicadamente para aderir à superfície umedecida. Acomode-as nas assadeiras forradas com papel-manteiga 7.

> Com a ajuda de um cortador de massas, faça cortes em forma de espiga 8. Alargue os cortes com as mãos, puxando a massa de ambos os lados (se não fizer isso, os cortes podem se fechar durante o cozimento) 9 10.

> Decore as fougasses com as azeitonas 11. Cubra-as com um pano de prato umedecido e deixe descansar por 1 hora.

> Coloque uma assadeira na parte inferior do forno. Preaqueça o forno a 235 °C. Imediatamente antes de levar ao forno, despeje 50 ml de água na assadeira aquecida. Asse por 4 minutos. A seguir, baixe a temperatura para 220 °C e deixe assar por mais 9 minutos.

> Retire as fougasses do forno. Com a ajuda de um pincel, passe uma fina camada de azeite em toda a superfície ainda quentes e deixe-as sobre uma grade até esfriarem.

Os pães à base de azeite

Fougasse com bacon

⏱ TEMPO DE PREPARO ⏱

sova 15min
crescimento inicial 2h
repouso 15min
crescimento final 1h
cozimento 14min

Para 4 fougasses de cerca de 340 g

250 g de fatias de bacon picadas
500 g de farinha de trigo especial
300 g de água a 20 ºC
100 g de levain líquido
(ou 25 g de levain seco)
5 g de fermento biológico fresco
10 g de sal
30 g de azeite
+ o suficiente para pincelar as fougasses
100 g de creme de leite fresco
75 g de queijo emmenthal ralado grosso

> Frite o bacon em uma frigideira antiaderente (sem óleo). A seguir, transfira para um prato forrado com folhas de papel-toalha para absorver o excesso de gordura.

> **SOVA À MÁQUINA** Na tigela da batedeira, junte a farinha, a água, o levain líquido (ou seco), o fermento biológico e o sal. Bata por 5 minutos em velocidade baixa; depois, por mais 10 minutos em velocidade alta. Cerca de 3 minutos antes de terminar de sovar, incorpore o azeite [1].

> **SOVA MANUAL** Em uma bancada ou tigela, despeje a farinha e abra uma cova grande no centro. Junte metade da água, o levain líquido (ou seco), o fermento biológico esfarelado e o sal. Misture, acrescente o restante da água e o azeite. Amasse até incorporar toda a farinha. Trabalhe a massa até ficar macia e homogênea.

> Forme uma bola com a massa e cubra com um pano de prato umedecido. Deixe crescer por 2 horas em temperatura ambiente. Na metade desse tempo, trabalhe novamente a massa; finalize dobrando-a ao meio. Ao final do tempo indicado, a massa terá dobrado de tamanho.

> Enfarinhe a bancada. Divida a massa em quatro porções iguais (cerca de 340 g cada). Enrole as porções de massa sobre elas mesmas [2], dando-lhes um formato alongado. Cubra com um pano de prato e deixe descansar por 15 minutos, com as emendas viradas para baixo.

> Uma a uma, abra cada porção de massa com um rolo, alongando-a e mantendo as pontas arredondadas, até atingir 20 cm de comprimento e cerca de 5 mm de espessura [3]. Acomode as fougasses em assadeiras forradas com papel-manteiga. Cubra toda a superfície com creme de leite fresco, deixando uma borda de 1 cm em toda a volta. Polvilhe o queijo emmenthal ralado e distribua o bacon em pedaços [4]. Deixe crescer por pelo menos 1 hora.

> Coloque uma assadeira na grade inferior do forno. Preaqueça o forno a 235 °C. Imediatamente antes de levar ao forno, despeje 50 ml de água na assadeira aquecida. Asse por 4 minutos. A seguir, baixe a temperatura para 220 °C e deixe assar por mais 10 minutos.

> Retire as fougasses do forno e, ainda quentes, passe uma fina camada de azeite nas bordas [5] com a ajuda de um pincel.

Os pães à base de azeite

Pizza

⏲ TEMPO DE PREPARO ⏲
sova 13min
crescimento inicial 2h
crescimento final 1h
cozimento 15min

Para 2 pizzas grandes
500 g de farinha de trigo especial
260 g de água a 20 °C
100 g de levain líquido
(ou 25 g de levain seco)
5 g de fermento biológico fresco
10 g de sal
15 g de açúcar
30 g de azeite

Para a cobertura
400 g de molho de tomate
10 fatias de presunto
orégano
200 g de queijo emmenthal ralado

> **SOVA À MÁQUINA** Na tigela da batedeira, junte a farinha, a água, o levain líquido (ou seco), o fermento biológico, o sal e o açúcar. Bata por 5 minutos em velocidade baixa; depois, por mais 8 minutos em velocidade alta. Cerca de 2 minutos antes de terminar de sovar, incorpore o azeite.

> **SOVA MANUAL** Em uma tigela, despeje a farinha e abra uma cova grande no centro. Junte metade da água **1**, o levain líquido **2** (ou seco), o fermento biológico esfarelado, o sal e o açúcar. Misture, acrescente o restante da água aos poucos e incorpore todos os ingredientes **3**. Adicione o azeite e trabalhe a massa até que ela se solte das bordas da tigela **4 5**. Transfira a massa para a bancada e sove-a.

> Forme uma bola com a massa e cubra com um pano de prato umedecido. Deixe crescer por 2 horas em temperatura ambiente. Na metade desse tempo, trabalhe novamente a massa; complete, dobrando-a ao meio. Ao final do tempo indicado, a massa terá dobrado de tamanho **6**.

> Enfarinhe a bancada. Divida a massa em duas porções iguais (cerca de 460 g cada). Com a ajuda de um rolo, abra as massas de acordo com o tamanho da fôrma de pizza. De vez em quando, desprenda a massa da bancada para ter uma ideia real de seu tamanho (você vai notar que, ao desprender a massa da bancada, ela encolherá ligeiramente). Continue abrindo a massa até obter o tamanho desejado.

> Coloque as massas em assadeiras forradas com papel-manteiga. Perfure toda a superfície com um garfo, deixando uma borda de 1 cm, sem perfurar, em toda a volta **7**. Cubra as massas com um pano de prato e deixe crescer por 1 hora.

> Espalhe o molho de tomate sobre as massas. Acrescente as fatias de presunto inteiras ou cortadas em tiras. Polvilhe o orégano e, a seguir, o queijo emmenthal **8 9**.

> Coloque uma assadeira na grade inferior do forno. Preaqueça o forno a 235 °C. Imediatamente antes de levar ao forno, despeje 50 ml de água na assadeira aquecida. Asse por 4 minutos. A seguir, baixe a temperatura para 220 °C e deixe assar por mais 11 minutos. Retire as pizzas do forno. Com a ajuda de um pincel, passe uma fina camada de azeite nas bordas.

Os pães à base de azeite

Os pães doces
e os viennoiseries

Pãozinho de leite

⏲ TEMPO DE PREPARO ⏲
sova 12min
crescimento inicial 1h
descanso 15min
crescimento final 2h
cozimento 13-15min

Para 7 pãezinhos de cerca de 130 g
500 g de farinha de trigo especial
230 g de leite
20 g de fermento biológico fresco
35 g de açúcar
10 g de sal
80 g de manteiga amolecida
1 ovo batido para pincelar
granulado de açúcar para salpicar os pães (encontrado em lojas de produtos de confeitaria ou pela internet)

> **SOVA À MÁQUINA** Na tigela da batedeira, junte a farinha, o leite, o fermento biológico, o açúcar e o sal. Bata por 4 minutos em velocidade baixa; depois, por mais 8 minutos em velocidade alta. Cerca de 4 minutos antes do final desse processo, incorpore a manteiga.

> **SOVA MANUAL** Em uma bancada ou tigela, despeje a farinha e abra uma cova grande no meio. Junte metade do leite, o fermento biológico esfarelado, o açúcar e o sal e misture. Acrescente o restante do leite e amasse até incorporar toda a farinha. Adicione a manteiga e sove a massa até ficar macia e homogênea.

> Forme uma bola com a massa e cubra com um pano de prato ligeiramente umedecido. Deixe crescer por 1 hora. Ao final do tempo indicado, a massa terá dobrado de tamanho **1**.

> Enfarinhe a bancada. Divida a massa em sete porções iguais (cerca de 130 g cada). Cubra com um pano de prato e deixe descansar por 15 minutos.

> Para dar o formato arredondado, uma a uma, role as porções de massa entre as mãos **2**. Se preferir bisnagas, achate delicadamente cada porção de massa com a palma da mão. A seguir, dobre cerca de um terço da borda e pressione com os dedos. Em seguida, gire-a 180º, dobre ao meio, no sentido do comprimento, e una as bordas com a base da mão. Enrole a massa com as mãos para obter bisnagas com cerca de 15 cm **3** com pontas afiladas. Modele os outros pães.

Os pães doces e os viennoiseries

> Acomode os pães com as emendas viradas para baixo em uma assadeira forrada com papel-manteiga. Pincele-os com o ovo batido. Deixe crescer por 2 horas.

> Coloque uma assadeira na grade inferior do forno. Preaqueça o forno a 200 °C. Pincele novamente os pães [4]. Mergulhe as lâminas da tesoura no ovo batido e faça as incisões: sobre as bisnagas, pequenos piques, a espaços regulares, de ponta a ponta [5]; sobre o arredondado, piques em cruz [6].

> Salpique os pães com o granulado de açúcar. Imediatamente antes de levar ao forno, despeje 50 ml de água na assadeira aquecida. Asse por 13-15 minutos.

> Retire os pães do forno e deixe-os sobre uma grade até esfriarem.

Viennois

⏲ TEMPO DE PREPARO ⏲
sova 15min
crescimento inicial 1h
descanso 15min
crescimento final 1h30
cozimento 15min

Para 5 pães de cerca de 190 g
500 g de farinha de trigo especial
35 g de açúcar
10 g de sal
25 g de leite em pó
225 g de água a 20 ºC
75 g de levain líquido
(ou 20 g de levain seco)
15 g de fermento biológico fresco
75 g de manteiga amolecida
1 ovo batido para pincelar

Para a variação com chocolate
200 g de gotas de chocolate

> **SOVA À MÁQUINA** Na tigela da batedeira, junte a farinha, o açúcar, o sal, o leite em pó, a água, o levain líquido (ou seco) e o fermento biológico. Bata por 5 minutos em velocidade baixa; depois, por mais 10 minutos em velocidade alta **1**. Cerca de 4 minutos antes de terminar de bater, incorpore a manteiga. Para a versão com chocolate, acrescente as gotas ao final do processo.

> **SOVA MANUAL** Em uma bancada ou tigela, despeje a farinha, o açúcar, o sal e o leite em pó e abra uma cova grande no meio. Junte a metade da água, o levain líquido (ou seco) e o fermento biológico esfarelado. Misture, acrescente o restante da água e amasse até incorporar toda a farinha. Adicione a manteiga e sove a massa até ficar macia e homogênea. Para a versão com chocolate, acrescente as gotas ao terminar de bater.

> Faça uma bola com a massa e cubra com um pano de prato umedecido. Deixe crescer por 1 hora. Ao final do tempo indicado, ela terá dobrado de tamanho.

> Enfarinhe a bancada. Divida a massa em cinco porções iguais (cerca de 190 g cada) e forme cinco bolas. Cubra com um pano de prato e deixe descansar por 15 minutos.

> Para dar o formato final, achate cada bola de massa com a palma da mão, espalhando-a para alongá-la. Dobre um terço da borda em direção ao centro e pressione com os dedos. A seguir, dobre a borda oposta, dessa vez um pouco mais de um terço, por cima da primeira e pressione novamente. Em seguida, dobre a massa ao meio, no sentido do comprimento, e pressione as bordas com a base da mão. Enrole a massa com as mãos para obter uma bisnaga com cerca de 15 cm **2**. Modele os outros pães.

> Coloque os pães com as emendas viradas para baixo em uma assadeira forrada com papel-manteiga. Pincele-os com o ovo batido **3**. Leve à geladeira por 10 minutos. Ao retirar, pincele-os novamente e faça incisões inclinadas (ver p. 41). Deixe crescer por 1h30.

> Coloque uma assadeira na parte inferior do forno. Preaqueça o forno a 160 °C. Imediatamente antes de levar ao forno, despeje 50 ml de água na assadeira aquecida. Asse por 15 minutos.

> Retire os viennois do forno e deixe-os sobre uma grade até esfriarem.

× Se desejar, depois de assar os pães, pincele-os ainda quentes com manteiga derretida.

Pão doce

TEMPO DE PREPARO

sova 10min
crescimento inicial 1h
descanso 1h
crescimento final 1h30
cozimento 25min

Para 3 pães de cerca de 270 g

500 g de farinha de trigo especial
280 g de água a 20 °C
100 g de levain líquido
(ou 25 g de levain seco)
10 g de fermento biológico fresco
10 g de sal
80 g de açúcar mascavo
óleo de girassol para untar
a superfície de trabalho

Para a calda

50 g de açúcar mascavo
50 g de água

> Prepare a calda de véspera. Despeje o açúcar e a água em uma panela e leve ao fogo até levantar fervura. Retire do fogo e deixe esfriar. Reserve a calda em um recipiente em temperatura ambiente durante toda a noite.

> **SOVA À MÁQUINA** Na tigela da batedeira, junte a farinha, a água, o levain líquido (ou seco), o fermento biológico, o sal e o açúcar. Bata por 4 minutos em velocidade baixa; depois, por mais 6 minutos em velocidade alta.

> **SOVA MANUAL** Em uma bancada ou tigela, despeje a farinha e abra uma cova grande no meio. Junte a metade da água, o levain líquido (ou seco), o fermento biológico esfarelado, o sal e o açúcar. Misture, acrescente o restante da água e amasse até incorporar toda a farinha. Sove a massa até ficar macia e homogênea.

> Forme uma bola com a massa e cubra com um pano de prato ligeiramente umedecido. Deixe crescer por 1 hora. Divida a massa em três porções iguais (cerca de 270 g cada) e forme três bolas. Cubra com um pano de prato e deixe descansar por 1 hora.

> Unte ligeiramente a bancada com o óleo. Retome as bolas de massa, traga as bordas para o centro e pressione. Role-as sobre a superfície de trabalho, pressionando a massa na bancada, até obter bolas regulares. O óleo vai impedir que a emenda se feche. Cubra com um pano de prato ligeiramente umedecido e deixe crescer por 1h30.

> Coloque uma assadeira na parte inferior do forno. Preaqueça o forno a 200 °C. Coloque os pães, dessa vez com as emendas viradas para a parte de cima, sobre uma assadeira forrada com papel-manteiga. Imediatamente antes de levar ao forno, despeje 50 ml de água na assadeira aquecida. Asse por 25 minutos.

> Retire os pães do forno, pincele-os com a calda de açúcar e deixe-os sobre uma grade até esfriarem.

× Variação: Se preferir, molde as bolas de massa sobre a bancada enfarinhada (em vez de untá-la com óleo), e asse os pães com as emendas viradas para baixo. Antes de levá-los ao forno, faça incisões em cruz.

Os pães doces e os viennoiseries

Brioche

⏱ TEMPO DE PREPARO ⏱
sova 15min à máquina, 30min manual
crescimento inicial 2h
refrigeração 1h
descanso 30min
crescimento final 1h30
cozimento 25min

Para 4 brioches de cerca de 300 g
500 g de farinha de trigo especial
75 g de levain líquido
(ou 20 g de levain seco)
20 g de fermento biológico fresco
10 g de sal
80 g de açúcar
6 ovos + 1 ovo batido para pincelar
250 g de manteiga amolecida
+ o suficiente para untar as fôrmas
5 ml de essência de baunilha
granulado de açúcar

4 fôrmas para brioche com 16 cm de diâmetro

> **SOVA À MÁQUINA** Na tigela da batedeira, junte a farinha, o levain líquido (ou seco), o fermento biológico, o sal, o açúcar e os ovos. Bata por 5 minutos em velocidade baixa; depois, por mais 10 minutos em velocidade alta **1**. Cerca de 4 minutos antes de terminar de bater, coloque a manteiga e depois a baunilha.

> **SOVA MANUAL** Em uma bancada ou tigela, despeje a farinha e abra uma cova grande no meio. Junte o levain líquido (ou seco), o fermento biológico esfarelado, o sal, o açúcar e os ovos e misture até incorporar toda a farinha. Acrescente a manteiga e a baunilha. Sove a massa por, no mínimo, 30 minutos, até ficar macia e homogênea.

> Forme uma bola com a massa e cubra com um pano de prato ligeiramente umedecido. Deixe crescer por 2 horas. Ao final do tempo indicado, ela terá dobrado de tamanho **2**. Leve-a à geladeira por 1 hora.

> Enfarinhe a bancada. Divida a massa em quatro porções iguais (cerca de 300 g cada), e forme bolas, sem trabalhar muito a massa. Cubra com um pano de prato ligeiramente umedecido e deixe descansar por 30 minutos.

> Unte as fôrmas com manteiga. Retome a bola de massa, role-a entre as mãos, até obter uma bola regular e lisa **3**, e coloque na fôrma **4**. Modele os outros brioches do mesmo modo. Deixe crescer por 1h30.

> Coloque uma assadeira na parte inferior do forno. Preaqueça o forno a 170 °C. Pincele os brioches com o ovo batido **5**. Faça incisões em cruz com uma tesoura **6 7**. Salpique com o granulado de açúcar **8**. Imediatamente antes de levar ao forno, despeje 50 ml de água na assadeira aquecida. Asse por cerca de 25 minutos. Retire os brioches do forno, desenforme-os e deixe-os sobre uma grade até esfriarem.

Os pães doces e os viennoiseries

variação
Minibrioches

> Após a refrigeração, divida a massa em dez porções (cerca de 120 g cada) e forme bolas. Deixe descansar por 30 minutos. Achate uma das bolas de massa com a palma da mão. Dobre um terço da borda para o centro e pressione com a palma da mão. Dobre-a mais uma vez do lado oposto, dessa vez um pouco mais de um terço, e pressione. Em seguida, dobre a massa ao meio, no sentido do comprimento, e aperte as bordas com a base da mão. Enrole a massa para obter uma bisnaga com pontas arredondadas. Modele os outros pães. Coloque-os, lado a lado, em uma assadeira forrada com papel-manteiga.

> Cubra com um pano de prato e deixe crescer por 1h30. Ao final do tempo indicado, as bisnagas terão se unido, formando uma única peça. Pincele-a com o ovo batido e polvilhe o granulado de açúcar. Asse por 15 minutos.

Os pães doces e os viennoiseries

Pão de fôrma
tipo brioche

◎◎ TEMPO DE PREPARO ◎◎

sova 15min
crescimento inicial 1h
crescimento final 1h30
cozimento 30min

Para 1 pão de cerca de 1 kg

500 g de farinha de trigo especial
135 g de água a 20 ºC
3 ovos (135 g)
75 g de levain líquido
(ou 20 g de levain seco)
20 g de fermento biológico fresco
10 g de sal
25 g de leite em pó
35 g de açúcar
75 g de manteiga amolecida
+ o suficiente para untar a fôrma
1 ovo batido para pincelar

1 fôrma de bolo inglês medindo
40 cm x 10 cm

> **SOVA À MÁQUINA** Na tigela da batedeira, junte a farinha, a água, os ovos, o levain líquido (ou seco) o fermento biológico, o sal, o leite em pó e o açúcar. Bata por 5 minutos em velocidade baixa; depois, por mais 10 minutos em velocidade alta. Cerca de 4 minutos antes de terminar de bater, incorpore a manteiga.

> **SOVA MANUAL** Em uma bancada ou tigela, despeje a farinha e abra uma cova grande no meio. Junte metade da água, os ovos, o levain líquido (ou seco), o fermento biológico esfarelado, o sal, o leite em pó e o açúcar. Misture, acrescente o restante da água e amasse até incorporar toda a farinha. Adicione a manteiga e sove a massa até ficar macia e homogênea.

> Forme uma bola com a massa e cubra com um pano de prato ligeiramente umedecido. Deixe crescer por 1 hora. Ao final do tempo indicado, a massa terá dobrado de tamanho.

> Enfarinhe a bancada. Unte a fôrma com manteiga. Divida a massa em quatro porções iguais (cerca de 250 g cada). Enrole uma das porções sobre a bancada, pressionando-a levemente até obter uma bola regular e lisa. Coloque-a na fôrma. Modele as outras peças de massa. O pão deve preencher somente um terço da fôrma, sem tocar as bordas.

> Pincele a massa com o ovo batido. Deixe crescer por 1h30. Ao final do tempo indicado, a massa terá dobrado de tamanho, preenchendo toda a fôrma.

> Coloque uma assadeira na parte inferior do forno. Preaqueça o forno a 180 °C. Pincele novamente o pão. Imediatamente antes de levar ao forno, despeje 50 ml de água na assadeira aquecida. Asse por 30 minutos.

> Retire o pão do forno, desenforme e deixe-o sobre uma grade até esfriar.

Os pães doces e os viennoiseries

Benoîton de uvas-passas

TEMPO DE PREPARO
sova 10min
crescimento inicial 1h
crescimento final 1h30
cozimento 12-15min

Para 12 benoîtons de cerca de 80 g
300 g de farinha de trigo especial
200 g de farinha de centeio
380 g de água a 20 °C
75 g de levain líquido
(ou 20 g de levain seco)
10 g de fermento biológico fresco
10 g de sal
300 g de uvas-passas escuras, sem sementes
30 g de manteiga derretida

> **SOVA À MÁQUINA** Na tigela da batedeira, junte as duas farinhas, a água, o levain líquido (ou seco) o fermento biológico e o sal. Bata por 4 minutos em velocidade baixa; depois, por mais 6 minutos em velocidade alta. Acrescente as uvas-passas e a manteiga e volte a bater em velocidade baixa.

> **SOVA MANUAL** Em uma bancada ou tigela, despeje as farinhas e abra uma cova grande no centro. Junte metade da água, o levain líquido (ou seco), o fermento biológico esfarelado e o sal. Misture, acrescente o restante da água e amasse até incorporar toda a farinha. Sove a massa até ficar macia e homogênea e adicione as uvas-passas e a manteiga.

> Forme uma bola com a massa e cubra com um pano de prato ligeiramente umedecido. Deixe crescer por 1 hora. Ao final do tempo indicado, a massa terá dobrado de tamanho.

> Enfarinhe a bancada. Estenda a massa com as mãos até obter um quadrado de 40 cm de lado e 2 cm de espessura **1 2**. Com uma faca, corte a massa em dois pedaços iguais **3**. Em seguida, corte cada metade da massa em pedaços medindo 3-4 cm de largura por 20 cm de comprimento. Acomode em uma grade ou assadeira forrada com papel-manteiga **4** e cubra com um pano de prato ligeiramente umedecido. Deixe crescer por 1h30.

> Coloque uma assadeira na parte inferior do forno. Preaqueça o forno a 220 °C. Imediatamente antes de levar ao forno, despeje 50 ml de água na assadeira aquecida. Asse por 12-15 minutos.

> Retire os pães do forno **5** e deixe-os sobre uma grade até esfriarem.

Os pães doces e os viennoiseries

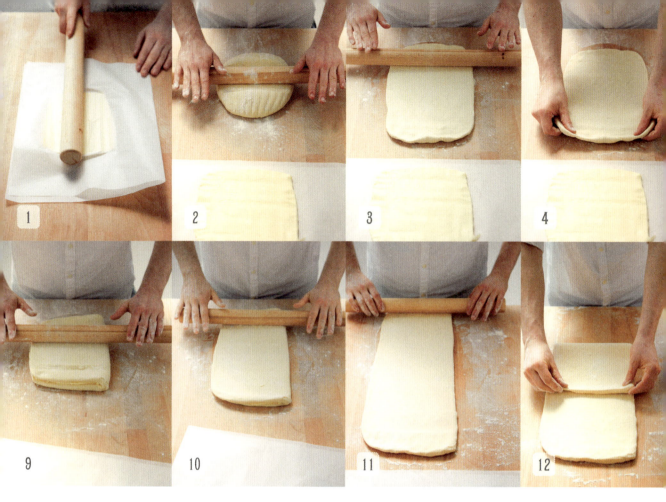

Croissant

◐◓ **TEMPO DE PREPARO** ◐◓

sova 10min
refrigeração 4h
crescimento final 2h
cozimento 15min

Para 20 croissants de cerca de 60 g

500 g de farinha de trigo especial
220 g de água a 10 ºC
50 g de levain líquido
(ou 13 g de levain seco)
20 g de fermento biológico fresco
10 g de sal
70 g de açúcar
1 ovo (50 g) + 1 ovo batido para pincelar
25 g de manteiga amolecida
+ 250 g de manteiga gelada
1 ovo batido para pincelar

> **SOVA À MÁQUINA** Na tigela da batedeira, junte a farinha, a água, o levain líquido (ou seco), o fermento biológico, o sal, o açúcar e o ovo. Bata por 5 minutos em velocidade baixa; depois, por mais 5 minutos em velocidade alta. Cerca de 3 minutos antes de terminar de bater, incorpore a manteiga amolecida.

> **SOVA MANUAL** Em uma bancada ou tigela, despeje a farinha e abra uma cova grande no centro. Junte o açúcar, o ovo, o fermento biológico esfarelado, o sal, o levain líquido (ou seco) e a manteiga amolecida. Misture, acrescente a metade da água e amasse. Adicione o restante da água e amasse até incorporar toda a farinha. Sove a massa até ficar macia e homogênea.

> Forme uma bola com a massa, coloque-a em uma tigela e cubra com um pano de prato ligeiramente umedecido. Leve à geladeira por 1 hora.

Os pães doces e os viennoiseries

> Retire a manteiga da geladeira e coloque-a entre duas folhas de papel-manteiga. Com um rolo, dê pancadas leves sobre a manteiga, para amolecê-la 1. A seguir, estenda-a delicadamente, com o rolo de massa, até obter um retângulo.

> Enfarinhe a bancada. Com a ajuda do rolo, estenda a massa até obter um retângulo de 30 cm × 60 cm, e 3 mm de espessura 2 3. De vez em quando, desprenda a massa da bancada para verificar seu tamanho real 4. Com a ajuda do rolo, estenda o retângulo de manteiga até ajustá-lo sobre a massa (atenção: cubra somente a metade da parte superior da superfície da massa) 5. Dobre a metade inferior por cima da outra metade 6 7. Vire a massa de modo que a abertura oposta à dobra fique do seu lado direito 8.

> Estenda a massa novamente, com a ajuda do rolo, até obter um retângulo um terço mais extenso que o anterior 9 10 11. Mentalmente, divida o retângulo em três partes. Dobre o primeiro terço, em direção ao centro, sobre o segundo 12. Delicadamente, tire o excesso de farinha entre as dobras com uma escova 13. Dobre o terceiro terço sobre o primeiro 14. Envolva a massa com filme de PVC 15. Afunde ligeiramente a ponta de um dedo em um dos cantos da massa, para indicar que você a dobrou pela primeira vez 16. Leve à geladeira por 1 hora.

> Enfarinhe a bancada e retome a massa. Repita o que você fez na primeira dobra: estenda a massa 17 e dobre-a em três 18 19. Envolva a massa com filme de PVC. Afunde delicadamente a ponta de dois dedos em um dos cantos da massa para indicar que você a dobrou pela segunda vez 20. Leve de volta à geladeira por mais 1 hora.

> Retome a massa e repita o passo a passo da dobra. Envolva a massa com filme de PVC. Afunde levemente a ponta de três dedos em um dos cantos da massa (terceira e última vez). Leve de volta à geladeira por mais 1 hora.

> Enfarinhe a bancada e retome a massa. Com a ajuda do rolo, estenda a massa até obter um retângulo com 2-3 mm de espessura e duas vezes mais comprido do que largo (24-25 cm de largura × 80-100 cm de comprimento). Procure estender a massa de modo que as bordas fiquem retas 21. Dobre-a ao meio no sentido do comprimento 22. A seguir, desdobre-a e corte ao meio, seguindo a marca da dobra.

> Sobreponha as duas tiras de massa. Com a ajuda de uma faca grande, corte triângulos com 10 cm de largura na base, e 16-18 cm nos lados (use um cortador de massa como gabarito) 23. Com as tiras de massa sobrepostas, além de cortar mais rápido, consegue-se obter triângulos uniformes 24.

> Empilhe os triângulos. Posicione a base do triângulo voltada para você e comece a enrolar o croissant, da base para a ponta 25. Coloque o croissant sobre uma grade forrada com papel-manteiga, com a ponta virada para a parte de baixo. Isso vai evitar que o croissant desenrole ao ser assado. Durante toda a modelagem a massa deve estar bem fria (se não estiver, você não conseguirá enrolá-la). Se a massa amolecer, leve-a de volta à geladeira.

> Depois que todos os croissants estiverem sobre as grades forradas com papel-manteiga, deixe-os crescer por 2 horas em temperatura ambiente. Se preferir, coloque as grades dentro do forno apagado, que servirá de câmara de crescimento, e tire-as somente no momento de preaquecer o forno.

> Coloque uma assadeira na parte inferior do forno. Preaqueça o forno a 170 °C. Pincele os croissants com o ovo batido 26. Imediatamente antes de levar ao forno, despeje 50 ml de água na assadeira aquecida. Asse por 15 minutos.

> Retire os croissants do forno e transfira-os para uma grade até esfriarem.

Pão de chocolate

⏲ TEMPO DE PREPARO ⏲
sova 10min
refrigeração 4h
crescimento 2h
cozimento 15min

Para 16 pães de cerca de 70 g

500 g de farinha de trigo especial

220 g de água a 10 ºC

50 g de levain líquido
(ou 13 g de levain seco)

20 g de fermento biológico fresco

10 g de sal

70 g de açúcar

1 ovo (50 g) + 1 ovo batido para pincelar

25 g de manteiga amolecida
+ 250 g de manteiga gelada

chocolate amargo cortado em barras pequenas ou em forma de gotas

> **SOVA À MÁQUINA** Na tigela da batedeira, junte a farinha, a água, o levain líquido (ou seco), o fermento biológico, o sal, o açúcar e o ovo. Bata por 5 minutos em velocidade baixa; depois, por mais 5 minutos em velocidade alta. Cerca de 3 minutos antes de terminar de bater, incorpore a manteiga amolecida.

> **SOVA MANUAL** Em uma bancada ou tigela, despeje a farinha e abra uma cova grande no centro **1**. Junte o açúcar, o ovo, o fermento biológico esfarelado, o sal, o levain líquido (ou seco), a manteiga amolecida e metade da água **2 3**. Misture **4**. Acrescente o restante da água e amasse até incorporar toda a farinha **5 6**. Sove a massa: estique-a, bata sobre a bancada e dobre-a sobre si mesma **7 8**, até que esteja macia e homogênea.

> Forme uma bola com a massa **9** e cubra com um pano de prato ligeiramente umedecido. Leve à geladeira por 1 hora.

> Retire a manteiga da geladeira e coloque-a entre duas folhas de papel-manteiga. Com um rolo de massa, dê pancadas leves sobre a manteiga para amolecê-la. A seguir, estique-a delicadamente.

> Enfarinhe a bancada e retome a massa. Com a ajuda do rolo, estenda a massa até obter um retângulo de 30 cm × 60 cm, e 3 mm de espessura. Com o rolo, estenda o retângulo de manteiga até ajustá-lo sobre a massa. Cubra somente a metade da parte superior da superfície da massa. Dobre a massa ao meio no sentido do comprimento. Vire a massa, de modo a ficar com a abertura do seu lado direito.

Os pães doces e os viennoiseries

> Estenda a massa novamente, com a ajuda do rolo, até obter um retângulo um terço mais extenso do que o anterior. Divida mentalmente a massa em três: dobre o primeiro terço sobre o segundo, e o terceiro terço sobre o primeiro. Delicadamente, tire o excesso de farinha entre as dobras com uma escova.

> Envolva a massa com filme de PVC. Afunde ligeiramente a ponta de um dedo em um dos cantos da massa para indicar que você a dobrou pela primeira vez. Leve à geladeira por 1 hora.

> Enfarinhe a bancada e retome a massa. Repita o que você fez na primeira dobra. Estenda a massa e dobre-a em três. Envolva a massa com filme de PVC. Afunde delicadamente a ponta de dois dedos em um dos cantos da massa para indicar que você a dobrou pela segunda vez. Leve de volta à geladeira por mais 1 hora.

> Enfarinhe a bancada e retome a massa. Repita a etapa anterior, como explicado. Envolva a massa com filme de PVC. Afunde delicadamente a ponta de três dedos em um dos cantos da massa (terceira e última vez). Leve de volta à geladeira por mais 1 hora.

> Enfarinhe a bancada e retome a massa. Com a ajuda do rolo, estenda a massa até obter um retângulo com aproximadamente 30-35 cm de largura, e 3 mm de espessura **10**. Dobre-o ao meio, no sentido do comprimento. Com uma faca, acerte os cantos da massa de forma a obter ângulos retos. A seguir, desdobre a massa e corte-a ao meio, seguindo a marca da dobra.

> Alinhe uma barrinha ou as gotas de chocolate na borda superior de um dos pedaços de massa **11**. Nesse caso, o chocolate vai servir de gabarito e indicar a largura aproximada do retângulo. Cuidado para o chocolate não ultrapassar a largura do retângulo. Por exemplo, se o retângulo tiver 10 cm × 15 cm, a barra de chocolate deve ter cerca de 7-8 cm de comprimento. Repita até cortar todos os retângulos.

> Enrole os retângulos três vezes. Vire a massa para a emenda ficar na parte de baixo. Isso vai evitar que os pães de chocolate se desenrolem ao serem assados **12**. Durante toda a modelagem, a massa deve estar bem fria (se não estiver, você não conseguirá enrolá-la). Se a massa amolecer, leve-a de volta à geladeira.

> Disponha os pães de chocolate em assadeiras forradas com papel-manteiga. Deixe-os crescer por 2 horas em temperatura ambiente. Se preferir, coloque as assadeiras dentro do forno apagado, que servirá de câmara de crescimento, e tire-as somente no momento de preaquecer o forno.

> Coloque uma assadeira na parte inferior do forno. Preaqueça o forno a 170 °C. Pincele os pães com o ovo batido. Imediatamente antes de levar ao forno, despeje 50 ml de água na assadeira aquecida. Asse por 15 minutos.

> Retire os pães de chocolate do forno e deixe-os sobre uma grade até esfriarem.

Pãozinho de baunilha

> Corte as favas de baunilha no sentido do comprimento e raspe as sementes com a ponta de uma faca.

> **SOVA À MÁQUINA** Na tigela da batedeira, junte a farinha, a água, o levain líquido (ou seco), o fermento biológico, o óleo, o açúcar e o sal. Bata por 4 minutos em velocidade baixa; depois, por mais 8 minutos em velocidade alta. Por último, incorpore as sementes de baunilha.

> **SOVA MANUAL** Em uma bancada ou tigela, despeje a farinha e abra uma cova grande no centro. Junte metade da água, o levain líquido (ou seco), o fermento biológico esfarelado, o óleo, o açúcar, o sal e as sementes de baunilha. Misture, acrescente o restante da água e amasse até incorporar toda a farinha. Sove a massa até ficar macia e homogênea.

> Faça uma bola com a massa e cubra com um pano de prato ligeiramente umedecido. Deixe crescer durante 1h10.

> Enfarinhe a bancada. Divida a massa em dezesseis porções iguais (cerca de 60 g cada) e forme dezesseis bolas. Cubra com um pano de prato e deixe descansar por 30 minutos.

> Dê um formato arredondado em oito bolas de massa (é só rolar uma a uma entre as mãos). Molde as oito restantes em forma de bisnagas. Para isso, achate-as com a palma da mão, espalhando-a para alongá-la. Dobre a borda da massa, cerca de um terço, sobre ela mesma e pressione com os dedos. Dobre a borda oposta, dessa vez um pouco mais de um terço. A seguir, dobre a massa ao meio, no sentido do comprimento, e una as bordas com a base da mão. Enrole a massa para obter bisnagas com 10-12 cm de comprimento, ligeiramente bojudas.

> Coloque os pães em uma assadeira forrada com papel-manteiga, com as emendas viradas para baixo. Deixe crescer durante 1h20.

> Coloque uma assadeira na parte inferior do forno. Preaqueça o forno a 200 °C. Nos pães arredondados, faça várias incisões a partir do centro; nas bisnagas, faça incisões inclinadas (ver p. 41) ou duas a quatro incisões no sentido do comprimento. Imediatamente antes de levar ao forno, despeje 50 ml de água na assadeira aquecida. Asse por 15 minutos.

> Retire os pães do forno e deixe-os sobre uma grade até esfriarem.

TEMPO DE PREPARO
sova 12min
crescimento inicial 1h10
descanso 30min
crescimento final 1h20
cozimento 15min

Para 16 pãezinhos de cerca de 60 g
4 favas de baunilha
500 g de farinha de trigo especial
280 g de água a 20 °C
100 g de levain líquido
(ou 25 g de levain seco)
15 g de fermento biológico fresco
30 g de óleo de canola
80 g de açúcar mascavo
10 g de sal

Os pães doces e os viennoiseries

TEMPO DE PREPARO

sova 15min
crescimento inicial 1h
descanso 15min
crescimento final 1h30
cozimento 30-40min

Para 2 pães de cerca de 500 g

500 g de farinha de trigo especial
280 g de água a 20 ºC
75 g de levain líquido
(ou 20 g de levain seco)
20 g de fermento biológico fresco
10 g de sal
10 g de leite em pó
40 g de açúcar
40 g de manteiga amolecida
+ o suficiente para untar as fôrmas
20 g de creme de leite fresco
1 ovo batido para pincelar

2 fôrmas medindo
17 cm x 7,5 cm x 7,5 cm

Pão de fôrma

> **SOVA À MÁQUINA** Na tigela da batedeira, junte a farinha, a água, o levain líquido (ou seco), o fermento biológico, o sal, o leite em pó e o açúcar. Bata por 5 minutos em velocidade baixa; depois, por mais 10 minutos em velocidade alta. Cerca de 4 minutos antes de terminar de bater, incorpore a manteiga **1** e o creme de leite fresco. Bata até obter uma massa homogênea **2**.

> **SOVA MANUAL** Em uma bancada ou tigela, despeje a farinha e abra uma cova grande no centro. Junte metade da água, o levain líquido (ou seco), o fermento biológico esfarelado, o sal, o leite em pó e o açúcar. Misture, acrescente o restante da água e amasse até incorporar toda a farinha. Adicione a manteiga e o creme de leite fresco. Sove a massa até ficar macia e homogênea.

> Faça uma bola com a massa e cubra com um pano de prato ligeiramente umedecido. Deixe crescer por 1 hora. Ao final desse tempo, a massa terá dobrado de tamanho.

> Enfarinhe a bancada. Divida a massa em quatro porções iguais (cerca de 250 g cada) e forme quatro bolas, sem trabalhar muito a massa. Cubra com um pano de prato e deixe descansar por 15 minutos.

> Retome as peças de massa e role-as entre as mãos, empurrando-as na parte de baixo **3 4**. Unte as fôrmas **5**. Coloque duas peças de massa em cada fôrma; elas devem preencher dois terços da fôrma.

Os pães doces e os viennoiseries

> Pincele o pão com o ovo batido. Deixe crescer por 1h30. Ao final do tempo indicado, a massa terá dobrado de tamanho, preenchendo toda a fôrma.

> Coloque uma assadeira na parte inferior do forno. Preaqueça o forno a 170 °C. Pincele novamente o pão com o ovo batido. Imediatamente antes de levar ao forno, despeje 50 ml de água na assadeira aquecida. Asse por 30-40 minutos.

> Retire os pães do forno 6, desenforme e deixe-os sobre uma grade até esfriarem.

variação
Pão de fôrma de pistache

> Siga as indicações da receita anterior (ver pp. 210-211). Ao terminar de sovar, acrescente 40 g de pasta de pistache (encontrada em lojas de produtos de confeitaria ou pela internet). Modele as bolas de massa: vire as peças de massa, traga as bordas para o centro e pressione delicadamente. Vire-as de novo e role-as entre as mãos, empurrando na parte de baixo. Prossiga, seguindo as explicações da receita anterior.

> Desenforme os pães. Quando estiverem frios, passe uma calda de açúcar (pode ser com a ajuda de um pincel) e cubra-os com pistaches triturados. Posicione uma espátula, na diagonal, e polvilhe açúcar de confeiteiro nos cantos.

Os pães doces e os viennoiseries

Pão de uvas-passas

◎◎ TEMPO DE PREPARO ◎◎
sova 10min
refrigeração 4h
crescimento 2h
cozimento 15min

Para 18 pães de cerca de 85 g
500 g de farinha de trigo especial
220 g de água a 10 °C
50 g de levain líquido
(ou 13 g de levain seco)
20 g de fermento biológico fresco
10 g de sal
70 g de açúcar
1 ovo (50 g)
25 g de manteiga amolecida
+ 250 g de manteiga gelada
150 g de uvas-passas
(15% do peso da massa)
1 ovo batido para pincelar

Para o creme de confeiteiro
500 g de leite
1 fava de baunilha
2 ovos
120 g de açúcar
50 g de amido de milho

Para a calda de açúcar
100 g de açúcar
100 g de água

> Prepare o creme de confeiteiro. Em uma panela, coloque o leite, as sementes e a fava de baunilha (cortada ao meio e raspada). Em uma tigela, bata os ovos com o açúcar até obter um creme esbranquiçado. Junte o amido de milho e misture. Despeje um terço do leite quente e mexa vigorosamente. Transfira o conteúdo da tigela para a panela com o restante do leite. Leve ao fogo. Deixe engrossar em fogo baixo, mexendo sempre com um batedor de arame (fouet). Passe o batedor no fundo e nas laterais da panela. Assim que surgirem as primeiras bolhas, desligue o fogo. Despeje o creme em uma tigela e deixe esfriar.

> **SOVA À MÁQUINA** Na tigela da batedeira, junte a farinha, a água, o levain líquido (ou seco), o fermento biológico, o sal, o açúcar e o ovo. Bata por 5 minutos em velocidade baixa; depois, por mais 5 minutos em velocidade alta. Cerca de 3 minutos antes de terminar de bater, junte a manteiga amolecida e bata novamente.

> **SOVA MANUAL** Em uma bancada ou tigela, despeje a farinha e abra uma cova grande no centro. Junte o açúcar, o ovo, o fermento biológico esfarelado, o sal, o levain líquido (ou seco), a manteiga amolecida e metade da água. Misture, acrescente o restante da água e amasse até incorporar toda a farinha. Sove a massa até ficar macia e homogênea.

> Faça uma bola com a massa e cubra com um pano de prato ligeiramente umedecido. Leve à geladeira por 1 hora.

> Retire a manteiga da geladeira e coloque-a entre duas folhas de papel-manteiga. Com um rolo de massa, dê pancadas leves sobre a manteiga para amolecê-la. A seguir, estenda-a delicadamente, com o rolo de massa, até obter um retângulo.

> Enfarinhe a bancada. Com a ajuda do rolo, estenda a massa até obter um retângulo de 30 cm × 60 cm e 3 mm de espessura. Com o rolo, estenda o retângulo de manteiga para ajustá-lo sobre a massa. Cubra somente a metade superior da superfície da massa. Dobre a metade inferior por cima da outra metade. Vire a massa, de modo que a abertura oposta à dobra fique do seu lado direito.

> Estenda a massa novamente, com a ajuda do rolo, até obter um retângulo um terço mais extenso que o anterior. Mentalmente, divida o retângulo em três partes. Dobre o primeiro terço, em direção ao centro, sobre o segundo. A seguir, dobre o terceiro terço sobre o primeiro. Com uma escova, tire o excesso de farinha entre as dobras. Envolva a massa com filme de PVC. Afunde ligeiramente a ponta de um dedo em um dos cantos da massa para indicar que você a dobrou pela primeira vez. Leve à geladeira por 1 hora.

Os pães doces e os viennoiseries

> Estenda a massa novamente, com a ajuda do rolo, e dobre-a em três, como explicado anteriormente. Envolva a massa com filme de PVC. Afunde ligeiramente a ponta de dois dedos em um dos cantos da massa para indicar que você a dobrou pela segunda vez. Leve de volta à geladeira por mais 1 hora.

> Repita mais uma vez a dobra e envolva a massa com filme de PVC. Afunde ligeiramente a ponta de três dedos (terceira e última vez) em um dos cantos da massa. Leve de volta à geladeira por mais 1 hora.

> Enfarinhe a bancada e retome a massa. Com a ajuda do rolo, estenda a massa até obter um retângulo de 30 cm × 40 cm, e 3-4 mm de espessura.

> Com um mixer ou um fouet, bata o creme de confeiteiro até obter uma mistura lisa e brilhante 1. Com uma espátula, espalhe-o sobre o retângulo de massa 2. A seguir, distribua as uvas-passas sobre toda a superfície 3.

> Enrole a massa no sentido do comprimento 4. Ao final, a emenda deve ficar virada para baixo 5. Corte 18 fatias de 1,5 cm de largura 6 e coloque-as sobre grades (ou assadeiras) forradas com papel-manteiga. Pincele-as com o ovo batido 7. Deixe descansar por 2 horas. Se preferir, coloque as grades ou assadeiras dentro do forno apagado, que servirá de câmara de crescimento, e tire-as somente no momento de preaquecer o forno.

> Prepare a calda de açúcar. Em uma panela, coloque a água e o açúcar e leve ao fogo. Quando ferver, retire do fogo e reserve para esfriar.

> Coloque uma assadeira na parte inferior do forno. Preaqueça o forno a 170 °C. Pincele novamente os pães com o ovo batido. Imediatamente antes de levar ao forno, despeje 50 ml de água na assadeira aquecida. Asse por 15 minutos.

> Retire os pães doces do forno e transfira-os para uma grade. Pincele-os com a calda de açúcar 8 e mantenha-os ali até esfriarem.

Os pães doces e os viennoiseries

Os pãezinhos

Pãozinho
de sementes de papoula

⏱️ TEMPO DE PREPARO ⏱️
sova 10min
crescimento inicial 1h30
descanso 15min
crescimento final 1h30
cozimento 10min
+ 14min

Para 17 pãezinhos de cerca de 60 g

100 g de sementes de papoula ou gergelim preto + o suficiente para a finalização

500 g de farinha de trigo especial

320 g de água a 20 ºC + 30 g para a demolha da linhaça

100 g de levain líquido (ou 25 g de levain seco)

5 g de fermento biológico fresco

10 g de sal

> Preaqueça o forno a 250 °C. Pese 100 g de sementes de papoula 1, e espalhe-as em uma assadeira forrada com papel-manteiga. Leve ao forno por 10 minutos para tostar. Ao tirar do forno, transfira-as para um recipiente com 30 ml de água e deixe por alguns minutos.

> **SOVA À MÁQUINA** Na tigela da batedeira, junte a farinha, a água, o levain líquido (ou seco), o fermento biológico e o sal. Bata por 4 minutos em velocidade baixa; depois, por mais 6 minutos em velocidade alta. Ao terminar de sovar, acrescente as sementes de linhaça demolhadas, sem a água, e torne a bater.

> **SOVA MANUAL** Em uma bancada ou tigela, despeje a farinha e abra uma cova grande no centro. Junte metade da água, o levain líquido (ou seco), o fermento biológico esfarelado e o sal. Misture, acrescente o restante da água e as sementes de papoula. Amasse até incorporar toda a farinha. Sove a massa até ficar macia e homogênea.

> Forme uma bola com a massa e cubra com um pano de prato umedecido. Deixe crescer por 1h30. Ao final do tempo indicado, a massa terá dobrado de tamanho.

> Enfarinhe a bancada. Divida a massa em dezessete porções iguais (cerca de 60 g cada) 2 e forme dezessete bolas. Cubra com um pano de prato e deixe descansar por 15 minutos.

> Retome as porções de massa, uma a uma, e modele bolas ou bisnagas pequenas 3. Para as bolas, role a massa entre as mãos até que fiquem uniformes e lisas. Para fazer as bisnagas, siga as instruções da p. 223. Espalhe as sementes de papoula cruas em um prato raso. Com a ajuda de um pincel ou um vaporizador, umedeça toda a superfície dos pães. A seguir, passe-os, um a um, pelas sementes de papoula e pressione delicadamente para aderirem à superfície umedecida.

> Acomode os pães, com as sementes viradas para baixo, em assadeiras forradas com papel-manteiga. Cubra com um pano de prato levemente umedecido e deixe descansar por 1h30.

> Coloque uma assadeira na grade inferior do forno. Preaqueça o forno a 230 °C. Com uma lâmina, faça incisões variadas nos pães 4 (se preferir, faça cortes com uma tesoura). Imediatamente antes de levar ao forno, despeje 50 ml de água na assadeira aquecida. Asse por 14 minutos.

> Retire os pães do forno e deixe-os sobre uma grade até esfriarem.

Os pãezinhos

Pãozinho
de bacon e nozes-pecãs

◔◔ **TEMPO DE PREPARO** ◔◔

sova 10min
crescimento inicial 1h30
descanso 30min
crescimento final 1h30
cozimento 14min

Para 20 pãezinhos de cerca de 60 g
200 g de bacon defumado (20% do peso da massa)
100 g de nozes-pecãs descascadas (10% do peso da massa)
500 g de farinha de trigo especial
310 g de água a 20 ºC
100 g de levain líquido (ou 25 g de levain seco)
5 g de fermento biológico fresco
10 g de sal

> Corte o bacon em tiras **1**. Doure-as em uma frigideira antiaderente (sem óleo). Coloque-os em um escorredor **2**. Misture o bacon com as nozes-pecãs **3**.

> **SOVA À MÁQUINA** Na tigela da batedeira, junte a farinha, a água, o levain líquido (ou seco), o fermento biológico e o sal. Bata por 4 minutos em velocidade baixa; depois, por mais 6 minutos em velocidade alta. Ao terminar de sovar, incorpore a mistura de bacon e nozes.

> **SOVA MANUAL** Em uma bancada ou tigela, despeje a farinha e abra uma cova grande no centro. Junte metade da água, o levain líquido (ou seco), o fermento biológico esfarelado e o sal. Misture, acrescente o restante da água e amasse até incorporar toda a farinha. Sove a massa até ficar macia e homogênea. Ao terminar de sovar, incorpore a mistura de bacon e nozes.

> Forme uma bola com a massa e cubra com um pano de prato umedecido. Deixe crescer por 1h30. Ao final do tempo indicado, a massa terá dobrado de tamanho.

> Divida a massa em vinte porções iguais (cerca de 60 g cada) e forme vinte bolas **4**. Cubra com um pano de prato e deixe descansar por 30 minutos.

> Para dar o formato final, uma a uma, achate delicadamente cada bola de massa, com a palma da mão **5**. Dobre um terço da borda para o centro **6** e pressione com a ponta dos dedos **7**. A seguir, dobre a borda oposta por cima da primeira e pressione novamente. Em seguida, dobre a massa ao meio, no sentido do comprimento, e pressione as bordas com a base da mão **8**. Enrole a massa com as mãos para obter uma bisnaga com pontas afiladas **9**. Se preferir, modele pãezinhos redondos (ver pp. 34-35). Modele os outros pães.

> Coloque os pães, com as emendas viradas para baixo, em assadeiras forradas com papel-manteiga. Cubra com um pano de prato ligeiramente umedecido e deixe crescer por 1h30.

> Coloque uma assadeira na grade inferior do forno. Preaqueça o forno a 230 °C. Com a ajuda de uma lâmina, faça incisões variadas na superfície **10**. Imediatamente antes de levar ao forno, despeje 50 ml de água na assadeira aquecida. Asse por 14 minutos.

> Retire os pães do forno e deixe-os sobre uma grade até esfriarem.

Pistolet

◎◎ TEMPO DE PREPARO ◎◎

sova 10min
crescimento inicial 1h30
descanso 30min
crescimento final 1h30
cozimento 14min

Para 12 pistolets de cerca de 75 g

500 g de farinha de trigo especial
310 g de água a 20 ºC
100 g de levain líquido
(ou 25 g de levain seco)
3 g de fermento biológico fresco
10 g de sal

> **SOVA À MÁQUINA** Na tigela da batedeira, junte a farinha, a água, o levain líquido (ou seco), o fermento biológico e o sal. Bata por 4 minutos em velocidade baixa, depois por mais 6 minutos em velocidade alta.

> **SOVA MANUAL** Em uma bancada ou tigela, despeje a farinha e abra uma cova grande no centro. Junte metade da água, o levain líquido (ou seco), o fermento biológico esfarelado e o sal. Misture, acrescente o restante da água e amasse até incorporar toda a farinha. Em seguida, sove a massa até ficar macia e homogênea.

> Forme uma bola com a massa e cubra com um pano de prato umedecido. Deixe crescer por 1h30. Ao final do tempo indicado, a massa terá dobrado de tamanho.

> Enfarinhe a bancada. Divida a massa em doze porções iguais (cerca de 75 g cada) e forme doze bolas **1**. Cubra com um pano de prato e deixe descansar por 30 minutos.

> Para dar o formato final, achate uma bola de massa delicadamente com a palma da mão. Dobre um terço da borda **2** para o centro e pressione com os dedos. A seguir, dobre a borda oposta, dessa vez um pouco mais de um terço, e pressione novamente. Em seguida, dobre a massa ao meio, no sentido do comprimento, e pressione as bordas com a base da mão. Enrole a massa formando bisnagas **3** e polvilhe com farinha **4**. Pegue um rolo de massa pequeno e afunde-o no centro da bisnaga, fazendo uma depressão de ponta a ponta **5**. A seguir, junte as bordas, fechando o afundamento, e pressione **6**. Modele os outros pães.

> Acomode os pistolets em assadeiras forradas com papel-manteiga. Cubra com um pano de prato e deixe descansar por 1h30.

> Coloque uma assadeira na grade inferior do forno. Preaqueça o forno a 230 ºC. Imediatamente antes de levar os pães ao forno, despeje 50 ml de água na assadeira aquecida. Asse por 14 minutos.

> Retire os pistolets do forno e deixe-os sobre uma grade até esfriarem.

Os pãezinhos

Pãozinho
de algas e Kamut®

◎◎ **TEMPO DE PREPARO** ◎◎

sova 8min
descanso 30min
crescimento 2h
cozimento 14min

Para 17 pãezinhos de 50 a 60 g

90 g de algas desidratadas (podem ser adquiridas em casas que comercializam produtos orientais)

300 g de farinha de Kamut® orgânica (pode ser adquirida pela internet)

200 g de farinha de trigo especial

300 g de água a 20 ºC

150 g de levain líquido (ou 30 g de levain seco)

2 g de fermento biológico fresco

10 g de sal

> Reidrate as algas em um recipiente com água fria.

> **SOVA À MÁQUINA** Na tigela da batedeira, junte as duas farinhas, a água, o levain líquido (ou seco), o fermento biológico e o sal. Bata por 4 minutos em velocidade baixa; depois, por mais 4 minutos em velocidade alta. Ao terminar de sovar, incorpore as algas escorridas e espremidas. Bata novamente.

> **SOVA MANUAL** Em uma bancada ou tigela, despeje as duas farinhas e abra uma cova grande no centro. Junte metade da água, o levain líquido (ou seco), o fermento biológico esfarelado e o sal. Misture e acrescente o restante da água e as algas escorridas e espremidas. Amasse até incorporar toda a farinha. Sove a massa até ficar macia e homogênea.

> Forme uma bola com a massa e cubra com um pano de prato ligeiramente umedecido. Deixe descansar por 30 minutos. Ao final do tempo indicado, a massa terá dobrado de tamanho.

> Enfarinhe a bancada. Para dar o formato final, abra a massa com as mãos, esticando-a até ficar com aproximadamente 2 cm de espessura. Com a ajuda de um cortador de massa, corte-a em quadrados de 6 cm de lado (mais ou menos 50-60 g cada).

> Acomode os quadradinhos de massa em assadeiras forradas com papel-manteiga. Cubra com um pano de prato ligeiramente umedecido e deixe descansar por 2 horas.

> Coloque uma assadeira na grade inferior do forno. Preaqueça o forno a 225 °C. Polvilhe os pãezinhos com farinha de Kamut®. A seguir, com a ajuda de uma lâmina, faça incisões em cruz, na diagonal e em formato de folha. Imediatamente antes de levar ao forno, despeje 50 ml de água na assadeira aquecida. Asse por 14 minutos.

> Retire os pães do forno e deixe-os sobre uma grade até esfriarem.

Pãozinho
de avelãs e chocolate

☕☕ **TEMPO DE PREPARO** ☕☕

sova 14min
crescimento inicial 1h30
descanso 15min
crescimento final 1h15
cozimento 15min

Para 10 pãezinhos de cerca de 120 g

90 g de avelãs (10% do peso da massa) ✦ 90 g de chocolate amargo em barra (10% do peso da massa) ✦ 500 g de farinha de trigo especial ✦ 250 g de água a 20 ºC ✦ 100 g de levain líquido (ou 25 g de levain seco) ✦ 7 g de fermento biológico fresco ✦ 10 g de sal ✦ 25 ml de leite em pó ✦ 35 g de açúcar ✦ 75 g de manteiga amolecida ✦ 1 ovo para pincelar

> Preaqueça o forno a 250 °C. Triture grosseiramente as avelãs, espalhe-as em uma fôrma refratária e leve ao forno por 10 minutos para dourar 1 2. Deixe esfriar. Pique o chocolate, junte as avelãs e misture-os 3 4.

> **SOVA À MÁQUINA** Na tigela da batedeira, junte a farinha, a água, o levain líquido (ou seco), o fermento biológico, o sal, o leite em pó e o açúcar. Bata por 4 minutos em velocidade baixa; depois, por mais 10 minutos em velocidade alta. Cerca de 3 minutos antes do final desse processo, incorpore a manteiga 5. Com a máquina desligada, junte a mistura de avelãs e chocolate 6 e bata novamente.

> **SOVA MANUAL** Em uma bancada ou tigela, despeje a farinha e abra uma cova grande no centro. Junte metade da água, o levain líquido (ou seco), o fermento biológico esfarelado, o sal, o leite em pó e o açúcar. Misture, acrescente o restante da água e amasse até incorporar toda a farinha. Adicione a manteiga. Sove a massa até ficar macia e homogênea. Ao terminar de sovar, junte a mistura de avelãs e chocolate.

> Forme uma bola com a massa, coloque-a sobre a bancada enfarinhada e cubra com um pano de prato umedecido. Deixe crescer por 1h30. Ao final do tempo indicado, a massa terá dobrado de tamanho 7.

> Divida a massa em dez porções iguais (cerca de 120 g cada) 8 e forme dez bolas. Cubra com um pano de prato e deixe descansar por 15 minutos.

> Achate delicadamente uma bola de massa com a palma da mão. Dobre um terço da borda sobre ela mesma e pressione-a com a base da mão. Dobre a borda oposta, dessa vez um pouco mais de um terço, e pressione novamente. Em seguida, dobre-a ao meio, no sentido do comprimento, e una as pontas com a base da mão 9. Alongue ligeiramente a peça, rolando-a sob as mãos 10 até obter um bastão de 15 cm de comprimento. Modele os outros pães.

> Bata o ovo em um copo 11. Coloque as peças de massa, com as emendas viradas para baixo, em grades ou assadeiras forradas com papel-manteiga. Pincele-as com ovo 12. Leve à geladeira por 10 minutos. Pincele novamente as peças de massa. A seguir, com uma lâmina, faça cortes inclinados equidistantes (ver p. 41) 13. Cubra com um pano de prato ligeiramente umedecido e deixe crescer por 1h15.

> Coloque uma assadeira na grade inferior do forno. Preaqueça o forno a 200 °C. Imediatamente antes de levar ao forno, despeje 50 ml de água na assadeira aquecida. Asse por 15 minutos.

> Retire os pãezinhos do forno e deixe-os sobre uma grade até esfriarem.

Os pãezinhos

Pãozinho
de uvas-passas e nozes

⊙⊙ TEMPO DE PREPARO ⊙⊙
sova 8min
crescimento inicial 1h
descanso 15min
crescimento final 1h30
cozimento 15-18min

Para 6 pãezinhos de cerca de 190 g
100 g de nozes descascadas
100 g de uvas-passas escuras, sem sementes
250 g de farinha de trigo especial
250 g de farinha de centeio
350 g de água a 20 ºC
100 g de levain líquido (ou 25 g de levain seco)
3 g de fermento biológico fresco
10 g de sal

> Corte as nozes ao meio **1** e, em seguida, misture-as às passas.

> **SOVA À MÁQUINA** Na tigela da batedeira, junte as duas farinhas, a água, o levain líquido (ou seco), o fermento biológico e o sal. Bata por 6 minutos em velocidade baixa; depois, por mais 2 minutos em velocidade alta. Com a máquina desligada, acrescente a mistura de nozes e passas e bata novamente.

> **SOVA MANUAL** Em uma bancada ou tigela, despeje as duas farinhas e abra uma cova grande no centro. Junte metade da água, o levain líquido (ou seco), o fermento biológico esfarelado e o sal. Misture, acrescente o restante da água e amasse até incorporar toda a farinha. Sove a massa até ficar macia e homogênea. Ao terminar de sovar, incorpore a mistura de nozes e passas **2 3**.

> Forme uma bola com a massa **4** e cubra com um pano de prato umedecido. Deixe crescer por 1 hora. Ao final do tempo indicado, a massa terá dobrado de tamanho.

> Enfarinhe a superfície de trabalho, divida a massa em seis porções iguais (cerca de 190 g cada) e forme seis bolas. Cubra com um pano de prato e deixe descansar por 15 minutos.

> Retome as peças de massa, rolando-as com as mãos sobre a superfície de trabalho até obter pequenas baguetes de 15 cm de comprimento **5 6 7**.

> Coloque as peças de massa, com as emendas viradas para baixo, em assadeiras forradas com papel-manteiga **8**. Cubra com um pano de prato ligeiramente umedecido e deixe crescer por 1h30.

> Coloque uma assadeira na grade inferior do forno. Preaqueça o forno a 230 °C. Imediatamente antes de levar ao forno, despeje 50 ml de água na assadeira aquecida. Asse por 15-18 minutos.

> Retire os pães do forno e deixe-os sobre uma grade até esfriarem.

Grissini

⏱ TEMPO DE PREPARO ⏱

sova 10min
crescimento inicial 1h
crescimento final 45min
cozimento 9min

Para 16 grissini de cerca de 50 g

500 g de farinha de trigo especial
225 g de água a 20 ºC
50 g de levain líquido
(ou 12 g de levain seco)
10 g de fermento biológico fresco
10 g de sal
75 g de azeite

> **SOVA À MÁQUINA** Na tigela da batedeira, junte a farinha, a água, o levain líquido (ou seco), o fermento biológico e o sal. Bata por 4 minutos em velocidade baixa, depois bata por mais 6 minutos em velocidade alta. Cerca de 2 minutos antes do final desse processo, incorpore o azeite.

> **SOVA MANUAL** Em uma bancada ou tigela, despeje a farinha e abra uma cova grande no centro. Junte metade da água, o levain líquido (ou seco), o fermento biológico esfarelado e o sal. Misture e acrescente o restante da água e o azeite. Amasse até incorporar toda a farinha. Em seguida, sove a massa até ficar macia e homogênea.

> Forme uma bola com a massa e cubra com um pano de prato umedecido. Deixe crescer por 1 hora. Na metade desse tempo, trabalhe novamente a massa; finalize dobrando-a ao meio. Ao final do tempo indicado, a massa terá dobrado de tamanho.

> Enfarinhe a superfície de trabalho. Com a ponta dos dedos, estenda delicadamente a massa, até obter um retângulo com 40 cm de comprimento e 1 cm de espessura **1** **2**. Acerte os quatro lados com uma faca **3**. A seguir, corte a massa ao meio para obter dois retângulos com 20 cm de comprimento. Em seguida, corte tiras de 1-2 cm de largura **4**.

> Em metade das tiras, faça um corte no sentido do comprimento, deixando 1 cm sem cortar em cada extremidade **5**. Passe um dedo na fenda para abri-la ligeiramente e torça a tira **6**. A seguir, role-a com as mãos para alongá-la até o comprimento da assadeira, cerca de 30 cm. Role a metade restante de tiras (que não foram cortadas), alongando-as.

> Coloque os grissini em assadeiras forradas com papel-manteiga **7**. Deixe crescer por 45 minutos em temperatura ambiente.

> Coloque uma assadeira na grade inferior do forno. Preaqueça o forno a 230 °C. Imediatamente antes de levar ao forno, despeje 50 ml de água na assadeira aquecida. Asse por 9 minutos.

> Retire os grissini do forno e deixe-os sobre uma grade até esfriarem.

Os pãezinhos

Os grissini são muito versáteis. Que tal aromatizar a massa? Para isso, é só acrescentar azeitonas, tomates secos, ervas, como alecrim e tomilho, ou especiarias à massa. Se preferir, faça-os coloridos, usando, por exemplo, tinta de lula (encontrada em lojas gourmet e bons supermercados), que dá uma inusitada tonalidade negra aos grissini. A tinta de lula e outros tantos ingredientes para colorir devem ser incorporados à massa ao final da sova. No caso de sementes, como as de papoula e o gergelim, é só espalhar a cobertura escolhida em uma travessa grande, rolar sobre ela os grissini já modelados e, a seguir, levá-los ao forno.

Os pães
regionais franceses

Tabatière
(Jura)

⊙⊙ TEMPO DE PREPARO ⊙⊙
sova 16min
pré-fermentação (autólise) 1h
crescimento inicial 45min
descanso 30min
crescimento final 1h30
cozimento 20min

Para 3 pães de cerca de 300 g
500 g de farinha de trigo especial
325 g de água a 20 °C
100 g de levain líquido
(ou 25 g de levain seco)
4 g de fermento biológico fresco
10 g de sal
farinha de centeio para a finalização

> **SOVA À MÁQUINA** Na tigela da batedeira, junte a farinha e a água. Bata por 5 minutos em velocidade baixa. Retire a tigela da batedeira e cubra com um pano de prato ligeiramente umedecido. Deixe descansar por 1 hora. Incorpore o levain líquido (ou seco), o fermento biológico e o sal. Bata por 4 minutos em velocidade baixa; depois, por mais 7 minutos em velocidade alta.

> **SOVA MANUAL** Em uma bancada ou tigela, despeje a farinha e abra uma cova grande no centro. Junte dois terços da água e misture até incorporar toda a farinha. Cubra com um pano de prato ligeiramente umedecido e deixe descansar por 1 hora. Acrescente o restante da água, o levain líquido (ou seco), o fermento biológico esfarelado e o sal. Sove a massa até ficar macia e homogênea.

> Forme uma bola com a massa e cubra com um pano de prato. Deixe crescer por 45 minutos. Ao final do tempo indicado, a massa terá dobrado de tamanho.

> Enfarinhe a bancada. Divida a massa em três porções iguais (cerca de 300 g cada) e, sem trabalhar demais a massa, forme três bolas. Cubra com um pano de prato e deixe descansar por 30 minutos.

> Vire as porções de massa para as emendas ficarem viradas para cima. Traga as bordas para o centro e pressione com a ponta dos dedos. Vire-as novamente, rolando cada porção de massa entre as mãos e pressionando a massa na parte de baixo para obter bolas regulares. Polvilhe-as com farinha **1**.

> Para dar o formato final, coloque o rolo de massa sobre a borda de uma das bolas (calcule um pouco menos de um terço), pressione a massa **2** e estenda-a para formar uma aba de cerca de 15 cm **3**. Polvilhe com farinha de centeio. Em seguida, dobre a aba sobre a bola de massa **4**. Como a aba está enfarinhada, ela não vai grudar após o crescimento.

> Coloque as tabatières, com a aba virada para baixo, sobre um pano de prato bastante enfarinhado **5**. Cubra com outro pano de prato ligeiramente umedecido e deixe crescer por 1h30.

> Coloque uma assadeira na grade inferior do forno. Preaqueça o forno a 230 °C. Transfira as tabatières, com as abas viradas para cima, para as assadeiras previamente untadas com azeite ou forradas com papel-manteiga **6**. Com uma lâmina, faça incisões formando uma folha **7**. Imediatamente antes de levar ao forno, despeje 50 ml de água na assadeira aquecida. Asse por cerca de 20 minutos.

> Retire as tabatières do forno e deixe-as sobre uma grade até esfriarem.

Pain fendu (Berry)

⏱ TEMPO DE PREPARO ⏱

sova 16min
pré-fermentação (autólise) 1h
crescimento inicial 1h
descanso 30min + 20min
crescimento final 1h20
cozimento 20min

Para 3 pães de cerca de 300 g

500 g de farinha de trigo especial
300 g de água a 20 ºC
100 g de levain líquido
(ou 25 g de levain seco)
4 g de fermento biológico fresco
10 g de sal
farinha de centeio para a finalização

> **SOVA À MÁQUINA** Na tigela da batedeira, junte a farinha e a água. Bata por 5 minutos em velocidade baixa. Retire a tigela da batedeira e cubra com um pano de prato ligeiramente umedecido. Deixe descansar por 1 hora. Incorpore o levain líquido (ou seco), o fermento biológico e o sal. Bata por 4 minutos em velocidade baixa; depois, por mais 7 minutos em velocidade alta.

> **SOVA MANUAL** Em uma bancada ou tigela, despeje a farinha e abra uma cova grande no centro. Junte dois terços da água e misture até incorporar toda a farinha. Cubra com um pano de prato ligeiramente umedecido e deixe descansar por 1 hora. Acrescente o restante da água, o levain líquido (ou seco), o fermento biológico esfarelado e o sal e amasse até incorporar todos os ingredientes. Sove a massa até ficar macia e homogênea.

> Forme uma bola com a massa e cubra com um pano de prato. Deixe crescer por 1 hora. Ao final do tempo indicado, a massa terá dobrado de tamanho.

> Enfarinhe a bancada. Divida a massa em três porções (cerca de 300 g cada) e, sem trabalhar muito a massa, forme três bolas. Cubra com um pano de prato e deixe descansar por 30 minutos.

> Para dar o formato final, achate delicadamente cada bola de massa com a mão **1**. Dobre um terço da borda da massa em direção ao centro e pressione com a base da mão **2**. Gire a peça em 180° **3**. Dobre a borda oposta, dessa vez um pouco mais de um terço, e pressione novamente. Em seguida, dobre a

Os pães regionais franceses
246

massa ao meio no sentido do comprimento e pressione as bordas com a base da mão 4. Uma a uma, role as peças de massa com a mão para lhes dar uma forma ovalada. Deixe descansar por 20 minutos.

> Peneire a farinha de centeio sobre a massa modelada. Com a ajuda de um rolo, faça uma depressão no centro de cada peça, no sentido do comprimento 5. A seguir, com o rolo, empurre as bordas para fechar a fenda 6. Modele os outros pães.

> Acomode os pães sobre um pano de prato enfarinhado. Cubra com outro pano de prato levemente umedecido e deixe crescer por 1h20.

> Coloque uma assadeira na grade inferior do forno. Preaqueça o forno a 230 °C. Transfira os pães para uma assadeira forrada com papel-manteiga. Imediatamente antes de levar ao forno, despeje 50 ml de água na assadeira aquecida. Asse por 20 minutos.

> Retire os pães do forno e deixe-os sobre uma grade até esfriarem.

Marguerite
(Ardèche)

⏲⏲ TEMPO DE PREPARO ⏲⏲

sova 11min
crescimento inicial 1h
descanso 15min
crescimento final 1h30
cozimento 25min

Para 2 pães de cerca de 470 g

50 g de farinha de centeio
450 g de farinha de trigo especial
320 g de água a 20 ºC
100 g de levain líquido
(ou 25 g de levain seco)
4 g de fermento biológico fresco
10 g de sal

> **SOVA À MÁQUINA** Na tigela da batedeira, junte as duas farinhas, a água, o levain líquido (ou seco), o fermento biológico e o sal. Bata por 4 minutos em velocidade baixa; depois, por mais 7 minutos em velocidade alta.

> **SOVA MANUAL** Em uma bancada ou tigela, junte as duas farinhas e abra uma cova grande no centro. Acrescente metade da água, o levain líquido (ou seco), o fermento biológico esfarelado e o sal. Misture, adicione o restante da água e amasse até incorporar toda a farinha. Sove a massa até ficar macia e homogênea.

> Forme uma bola com a massa e cubra com um pano de prato ligeiramente umedecido. Deixe crescer por 1 hora. Na metade desse tempo, trabalhe novamente a massa; finalize dobrando-a ao meio. Ao final do tempo indicado, a massa terá dobrado de tamanho.

> Enfarinhe a bancada. Divida a massa em catorze porções iguais (cerca de 65 g cada) e forme catorze bolas **1**. Cubra com um pano de prato e deixe descansar por 15 minutos.

> Para dar o formato final, role as peças de massa entre as mãos. Em uma assadeira forrada com papel-manteiga, coloque uma bola no centro e monte a marguerite, posicionando seis bolas em volta da primeira, todas com as emendas viradas para baixo **2**. Se desejar, umedeça as laterais das bolas no ponto em que elas se tocam (isso não é obrigatório, mas ajuda a grudá-las). Monte a outra marguerite. Polvilhe as duas com farinha **3**. Deixe crescer por 1h30.

> Coloque uma assadeira na grade inferior do forno. Preaqueça o forno a 230 °C. Imediatamente antes de levar as formas ao forno, despeje 50 ml de água na assadeira aquecida. Asse por 10 minutos. Baixe a temperatura para 210 °C e asse por mais 15 minutos.

> Retire as margarites do forno **4** e deixe-as sobre uma grade até esfriarem.

Portemanteau
(Toulouse)

⏱️ TEMPO DE PREPARO ⏱️

sova 15min
pré-fermentação (autólise) 1h
crescimento inicial 1h30
descanso 30min
crescimento final 1h40
cozimento 20min

Para 3 pães de cerca de 300 g

500 g de farinha de trigo especial
325 g de água a 20 ºC
100 g de levain líquido
(ou 25 g de levain seco)
3 g de fermento biológico fresco
10 g de sal

> **SOVA À MÁQUINA** Na tigela da batedeira, junte a farinha e a água. Bata por 4 minutos em velocidade baixa. Retire a tigela da batedeira e cubra com um pano de prato ligeiramente umedecido. Deixe descansar por 1 hora. Incorpore o levain líquido (ou seco), o fermento biológico e o sal. Bata por 4 minutos em velocidade baixa; depois, por mais 7 minutos em velocidade alta.

> **SOVA MANUAL** Em uma bancada ou tigela, despeje a farinha e abra uma cova grande no centro. Junte dois terços da água e misture bem até incorporar toda a farinha. Cubra com um pano de prato ligeiramente umedecido e deixe descansar por 1 hora. Acrescente o restante da água, o levain líquido (ou seco), o fermento biológico esfarelado e o sal. Amasse até incorporar todos os ingredientes. Sove a massa até ficar macia e homogênea.

> Forme uma bola com a massa e cubra com um pano de prato. Deixe por 1h30. Ao final desse tempo, a massa terá dobrado de tamanho.

> Enfarinhe a bancada. Divida a massa em três porções (cerca de 300 g cada). Role cada uma, esticando com cuidado. Cubra com um pano de prato e deixe descansar por 30 minutos.

> Achate delicadamente cada peça de massa com a palma da mão, esticando-a para os lados. Dobre um terço da borda da massa, em direção ao centro, e pressione com os dedos. A seguir, dobre a borda oposta, dessa vez um pouco mais de um terço, por cima da primeira e pressione novamente. Em seguida, dobre a massa ao meio, no sentido do comprimento, e pressione as bordas com a base da mão. Enrole a massa com as mãos para obter baguetes de 55 cm de comprimento.

> Para dar o formato final, divida mentalmente cada baguete em três partes iguais. Partindo do centro em direção às bordas, achate, com a base da mão, a extremidade do lado direito e, a seguir, a do lado esquerdo **1**. Enrole ambas as extremidades em direção ao centro até alcançar o terço de massa que não foi achatado. Primeiro, enrole do lado direito **2 3**. A seguir, enrole um pouco mais do lado esquerdo **4** (o lado esquerdo deve ficar maior do que o lado direito).

> Ao acomodar os pães sobre uma assadeira forrada com papel-manteiga, vire-os **5 6**. Cubra com um pano de prato ligeiramente umedecido e deixe crescer por 1h40. Ao final do tempo indicado, a massa terá dobrado de tamanho **7**.

> Coloque uma assadeira na grade inferior do forno. Preaqueça o forno a 230 °C. Vire os pães **8**. Antes de levar ao forno, despeje 50 ml de água na assadeira aquecida. Asse por 20 minutos.

> Retire os pães do forno e deixe-os sobre uma grade até esfriarem.

Pain tordu (Gers)

⊕⊕ TEMPO DE PREPARO ⊕⊕
sova 10min
crescimento inicial 1h30
descanso 30min + 20min
crescimento final 1h30
cozimento 20min

Para 3 pães de cerca de 300 g
500 g de farinha de trigo especial
310 g de água a 20 ºC
100 g de levain líquido
(ou 25 g de levain seco)
4 g de fermento biológico fresco
10 g de sal

> **SOVA À MÁQUINA** Na tigela da batedeira, junte a farinha, a água, o levain líquido (ou seco), o fermento biológico e o sal. Bata por 4 minutos em velocidade baixa; depois, por mais 6 minutos em velocidade alta.

> **SOVA MANUAL** Em uma bancada ou tigela, despeje a farinha e abra uma cova grande no centro. Junte metade da água, o levain líquido (ou seco), o fermento biológico esfarelado e o sal. Misture, acrescente o restante da água e amasse até incorporar toda a farinha. Sove a massa até ficar macia e homogênea.

> Forme uma bola com a massa e cubra com um pano de prato ligeiramente umedecido. Deixe crescer por 1h30. Ao final do tempo indicado, a massa terá dobrado de tamanho.

> Enfarinhe a bancada. Divida a massa em três porções iguais (cerca de 300 g cada). Enrole cada uma, alongando-a ligeiramente. Cubra com um pano de prato e deixe descansar por 30 minutos.

> Uma a uma, achate as peças de massa com a base da mão. Dobre um terço da borda para o centro e pressione com os dedos. A seguir, dobre a borda oposta, dessa vez um pouco mais de um terço, e pressione novamente. Em seguida, dobre a massa ao meio, no sentido do comprimento, e pressione as bordas com a base da mão. Enrole a massa, alongando-a até atingir 40 cm de comprimento. Deixe descansar por 20 minutos.

> Para dar o formato final, enfarinhe a massa. Posicione um rolo no centro da peça de massa e pressione-o 1 para afundá-la. A seguir, aproxime as bordas 2. Segure a massa pelas extremidades. Para torcê-la, mantenha uma das mãos fixa e, com a outra, dê três voltas na massa. Para obter um bom resultado, a cada torcida, apoie a massa na bancada 3 4 5.

> Acomode as peças de massa em uma assadeira forrada com papel-manteiga. Cubra com um pano de prato ligeiramente umedecido e deixe crescer por 1h30.

> Coloque uma assadeira na grade inferior do forno. Preaqueça o forno a 230 °C. Imediatamente antes de levar ao forno, despeje 50 ml de água na assadeira aquecida. Asse por cerca de 20 minutos.

> Retire os pães do forno e deixe-os sobre uma grade até esfriarem.

Vivarais

> **SOVA À MÁQUINA** Na tigela da batedeira, junte as duas farinhas, a água, o levain líquido (ou seco), o fermento biológico e o sal. Bata por 4 minutos em velocidade baixa; depois, por mais 7 minutos em velocidade alta.

> **SOVA MANUAL** Em uma bancada ou tigela, junte as duas farinhas e abra uma cova grande no centro. Acrescente metade da água, o levain líquido (ou seco), o fermento biológico esfarelado e o sal. Misture, adicione o restante da água e amasse até incorporar toda a farinha. Sove a massa até ficar macia e homogênea.

> Forme uma bola com a massa e cubra com um pano de prato ligeiramente umedecido. Deixe crescer por 1h30. Na metade desse tempo, trabalhe novamente a massa; finalize dobrando-a ao meio. Ao final do tempo indicado, a massa terá dobrado de tamanho.

> Enfarinhe a bancada. Divida a massa em duas porções iguais (cerca de 425 g cada) e, sem trabalhar demais a massa, forme duas bolas. Cubra com um pano de prato e deixe descansar por 45 minutos.

> Achate delicadamente cada bola de massa com a palma da mão. Dobre um terço da borda para o centro e pressione-a com a base da mão. A seguir, dobre a borda oposta, dessa vez um pouco mais de um terço, por cima da primeira e pressione novamente. Em seguida, dobre a massa ao meio, no sentido do comprimento, e pressione as bordas com a base da mão. Faça o mesmo com a outra bola.

> Para dar o formato final, uma a uma, achate a massa com a mão e peneire a farinha de centeio. Com um cortador de massa, faça oito incisões cruzadas e profundas (quatro incisões em um sentido e quatro em sentido contrário). Tome cuidado para não atravessar a massa.

> Coloque os pães sobre um pano de prato enfarinhado. Cubra com um pano ligeiramente umedecido e deixe crescer durante 1h30.

> Coloque uma assadeira na grade inferior do forno. Preaqueça o forno a 230 °C. Transfira os pães, com os cortes virados para cima, para uma assadeira forrada com papel-manteiga. Imediatamente antes de levar ao forno, despeje 50 ml de água na assadeira aquecida. Asse por cerca de 10 minutos. Baixe a temperatura para 210 °C e asse por mais 15 minutos.

> Retire os pães do forno e deixe-os sobre uma grade até esfriarem.

TEMPO DE PREPARO
sova 11min
crescimento inicial 1h30
descanso 45min
crescimento final 1h30
cozimento 25min

Para 2 pães de cerca de 425 g
50 g de farinha de centeio
450 g de farinha de trigo especial
320 g de água a 20 °C
100 g de levain líquido
(ou 25 g de levain seco)
4 g de fermento biológico fresco
10 g de sal
farinha de centeio para a finalização

Os pães regionais franceses
256

Couronne
(Lyon)

⊙⊙ TEMPO DE PREPARO ⊙⊙
sova 11min
crescimento inicial 1h
descanso 45min
crescimento final 1h30
cozimento 25min

Para 1 pão de cerca de 930 g
50 g de farinha de centeio +
o suficiente para a finalização
450 g de farinha de trigo especial
320 g de água a 20 ºC
100 g de levain líquido
(ou 25 g de levain seco)
4 g de fermento biológico fresco
10 g de sal

> **SOVA À MÁQUINA** Na tigela da batedeira, junte as duas farinhas, a água, o levain líquido (ou seco), o fermento biológico e o sal. Bata por 4 minutos em velocidade baixa; depois, por mais 7 minutos em velocidade alta.

> **SOVA MANUAL** Em uma bancada ou tigela, junte as duas farinhas e abra uma cova grande no centro. Acrescente metade da água, o levain líquido (ou seco), o fermento biológico esfarelado e o sal. Misture, adicione o restante da água e amasse até incorporar toda a farinha. Sove a massa até ficar macia e homogênea.

> Forme uma bola com a massa e cubra com um pano de prato ligeiramente umedecido. Deixe crescer por 1 hora. Na metade desse tempo, dobre a massa ao meio. Ao final do tempo indicado, a massa terá dobrado de tamanho.

> Enfarinhe a bancada. Divida a massa em seis porções iguais (cerca de 155 g cada) e forme seis bolas **1**. Cubra com um pano de prato e deixe descansar por 45 minutos.

> Role cada porção de massa entre as mãos, pressionando-as levemente até obter bolas regulares e lisas. Polvilhe-as com farinha.

> Para dar o formato final, coloque um rolo de massa sobre a borda de uma das porções (calcule um pouco menos de um terço), pressione a massa e estenda-a para formar uma aba de cerca de 8 cm **2**. Polvilhe com farinha de centeio **3**. Em seguida, dobre a aba sobre a bola de massa **4**. Modele as outras porções.

> Enfarinhe um banneton com buraco. Acomode as bolas de massa, com as abas viradas para baixo **5**. Elas devem estar próximas para ficarem coladas após o crescimento e formarem a couronne. Cubra o banneton com um pano de prato ligeiramente umedecido e deixe crescer por 1h30.

> Coloque uma assadeira na grade inferior do forno. Preaqueça o forno a 230 °C. Transfira a couronne com cuidado para uma assadeira forrada com papel-manteiga. Imediatamente antes de levar ao forno, despeje 50 ml de água na assadeira aquecida. Asse por 10 minutos. Baixe a temperatura para 210 °C e asse por mais 15 minutos. Retire a couronne do forno e deixe-a sobre uma grade até esfriar.

Os pães regionais franceses

Pão de Aix

⊙⊙ TEMPO DE PREPARO ⊙⊙
sova 11min
crescimento inicial 2h
descanso 15min + 20min
crescimento final 1h20
cozimento 25min

Para 2 pães de cerca de 450 g
50 g de farinha de centeio
450 g de farinha de trigo especial
+ o suficiente para a finalização
300 g de água a 20 °C
100 g de levain líquido
(ou 25 g de levain seco)
4 g de fermento biológico fresco
10 g de sal

> **SOVA À MÁQUINA** Na tigela da batedeira, junte as duas farinhas, a água, o levain líquido (ou seco), o fermento biológico e o sal. Bata por 4 minutos em velocidade baixa; depois, por mais 7 minutos em velocidade alta.

> **SOVA MANUAL** Em uma bancada ou tigela, despeje as duas farinhas e abra uma cova grande no centro. Junte metade da água, o levain líquido (ou seco), o fermento biológico esfarelado e o sal. Misture, acrescente o restante da água e amasse até incorporar toda a farinha. Sove a massa até ficar macia e homogênea.

> Forme uma bola com a massa e cubra com um pano de prato ligeiramente umedecido. Deixe crescer por 2 horas. Na metade desse tempo, dobre a massa sobre ela mesma. Ao final do tempo indicado, a massa terá dobrado de tamanho.

> Enfarinhe a bancada. Divida a massa em duas porções iguais (cerca de 450 g cada) e forme duas bolas. Cubra com um pano de prato e deixe descansar por 15 minutos.

> Vire cada peça de massa para as emendas ficarem para cima. Traga as bordas para o centro e pressione com a ponta dos dedos. Coloque uma das bolas de massa sobre a bancada enfarinhada, com as emendas viradas para baixo. Role-a entre as mãos, pressionando-a levemente, até obter uma bola regular e lisa. Modele a outra porção de massa. Cubra com um pano de prato e deixe descansar por 20 minutos.

> Para dar o formato final, enfarinhe as porções de massa. Coloque o rolo sobre a borda de uma delas (calcule um pouco menos de um terço). Pressione o rolo sobre a massa e estenda-a para formar uma aba de cerca de 15 cm. Polvilhe-a com farinha de centeio. Em seguida, dobre a aba sobre o resto da massa. Modele a outra porção.

> Coloque as porções de massa, com as abas viradas para baixo, sobre um pano de prato bem enfarinhado. Cubra com um pano ligeiramente umedecido e deixe crescer por 1h20.

> Coloque uma assadeira na grade inferior do forno. Preaqueça o forno a 230 °C. Transfira as peças de massa, com as abas viradas para cima, para uma assadeira forrada com papel-manteiga. Com a ajuda de um cortador, faça um corte de 5-6 cm no lado da beirada da aba. Abra o corte para formar duas "asas".

> Polvilhe os pães com farinha de trigo e faça incisões inclinadas. Imediatamente antes de levar ao forno, despeje 50 ml de água na assadeira aquecida. Asse por 25 minutos.

> Retire os pães do forno e deixe-os sobre uma grade até esfriarem.

Os pães regionais franceses

Os pães
de todo o mundo

Focaccia
de alecrim (Itália)

TEMPO DE PREPARO
demolha do alecrim 12h
sova 15min
crescimento inicial 2h
crescimento final 1h30
cozimento 15-20min

Para 1 focaccia de cerca de 940 g
4 ou 5 ramos de alecrim fresco
30 g de azeite + o suficiente para regar a massa
500 g de farinha de trigo especial
330 g de água a 20 ºC
100 g de levain líquido
(ou 25 g de levain seco)
7 g de fermento biológico fresco
10 g de sal fino
uma pitada de sal grosso

> Na véspera, destaque as folhas dos ramos de alecrim e misture-as com o azeite **1**. Deixe de molho durante toda a noite, em temperatura ambiente.

> **SOVA À MÁQUINA** Na tigela da batedeira, junte a farinha, a água, o levain líquido (ou seco), o fermento biológico e o sal fino. Bata por 5 minutos em velocidade baixa; depois, por mais 10 minutos em velocidade alta. Cerca de 3 minutos antes do final, incorpore o azeite com o alecrim.

> **SOVA MANUAL** Em uma bancada ou tigela, despeje a farinha e abra uma cova grande no centro. Junte metade da água, o levain líquido (ou seco), o fermento biológico esfarelado e o sal fino. Misture, acrescente o restante da água e amasse até incorporar toda a farinha. Adicione o azeite com o alecrim. Sove a massa até ficar macia e homogênea.

> Forme uma bola com a massa e cubra com um pano de prato umedecido. Deixe crescer por 2 horas. Na metade desse tempo, trabalhe novamente a massa; finalize dobrando-a ao meio. Ao final do tempo indicado, a massa terá dobrado de tamanho.

> Forre uma assadeira com papel-manteiga. Transfira a massa e, com a ponta dos dedos, estenda-a até ocupar toda a superfície da fôrma. Cubra com um pano de prato levemente umedecido e deixe crescer por 1h30.

> Coloque uma assadeira na grade inferior do forno. Preaqueça o forno a 230 °C. Com a ponta do dedo indicador, faça alguns furos em toda a superfície da massa **2**. Despeje um pouco de azeite nos furos **3** e, a seguir, salpique sal grosso. Imediatamente antes de levar ao forno, despeje 50 ml de água na assadeira aquecida. Asse por 15-20 minutos.

> Retire do forno e deixe a focaccia sobre uma grade até esfriar.

Os pães de todo o mundo

Macatia
(Reunião)

⏲ **TEMPO DE PREPARO** ⏲

sova 10min
crescimento inicial 2h
descanso 30min
crescimento final 2h
cozimento 12-13min

Para 2 pães de cerca de 490 g

500 g de farinha de trigo especial
250 g de água a 20 °C
100 g de levain líquido
(ou 25 g de levain seco)
10 g de fermento biológico fresco
10 g de sal
125 g de açúcar mascavo
10 g de essência de baunilha ou sementes de uma fava de baunilha
óleo de amendoim para untar a bancada

> **SOVA À MÁQUINA** Na tigela da batedeira, junte a farinha, a água, o levain líquido (ou seco) **1**, o fermento biológico, o sal e o açúcar. Bata em velocidade alta durante 10 minutos. Cerca de 2 minutos antes do final desse processo, junte a baunilha.

> **SOVA MANUAL** Em uma bancada ou tigela, despeje a farinha e abra uma cova grande no centro. Junte metade da água, o levain líquido (ou seco), o fermento biológico esfarelado, o sal e o açúcar. Misture, acrescente o restante da água e a baunilha. Amasse até incorporar toda a farinha. Sove a massa até ficar macia e homogênea.

> Forme uma bola com a massa e cubra com um pano de prato ligeiramente umedecido. Deixe crescer por 2 horas. Ao final do tempo indicado, a massa terá dobrado de tamanho.

> Enfarinhe a bancada. Divida a massa em duas porções iguais (cerca de 490 g cada) **2**. Cubra com um pano de prato e deixe descansar por 30 minutos.

> Unte a bancada com o óleo de amendoim **3**, retome as peças de massa, role-as entre as mãos, pressionando a massa sobre a bancada até obter duas bolas regulares e lisas **4** **5**. O óleo impede que as emendas se fechem durante o crescimento **6**, mas permite que elas se abram durante o cozimento.

> Enfarinhe a bancada e acomode os pães. Cubra com um pano de prato e deixe crescer por 2 horas. Ao final do tempo indicado, a massa terá dobrado de tamanho **7**.

> Coloque uma assadeira na grade inferior do forno. Preaqueça o forno a 210 °C. Transfira os pães, com as emendas viradas para cima, para uma grade ou assadeira forrada com papel-manteiga **8**. Imediatamente antes de levar ao forno, despeje 50 ml de água na assadeira aquecida. Asse por 12-13 minutos.

> Retire os pães do forno e deixe-os sobre uma grade até esfriarem.

× O macatia é um pão originário da ilha Reunião. Esse arquipélago foi, por muito tempo, uma escala na viagem rumo às Índias e se tornou francês em 1764. Está situado no oceano Índico, cerca de 800 quilômetros a leste de Madagascar. Segundo historiadores, o pão macatia teria sido criado no período da escravatura, na ilha Bourbon, antigo nome de Reunião. A palavra "macatia" seria derivada do suaíli (língua originária da África Oriental) *mkatei*, que significa "pão". Aprendi a fazer esse pão com meu amigo Norbert Tacoun, grande padeiro da Reunião.

Os pães de todo o mundo

Ekmek
(Turquia)

> **SOVA À MÁQUINA** Na tigela da batedeira, junte a farinha, a água, o levain líquido (ou seco), o fermento biológico, o sal e o mel. Bata por 5 minutos em velocidade baixa; depois, por mais 10 minutos em velocidade alta. Cerca de 3 minutos antes do final da sova, incorpore o azeite.

> **SOVA MANUAL** Em uma bancada ou tigela, despeje a farinha e abra uma cova grande no centro. Junte metade da água, o levain líquido (ou seco), o fermento biológico esfarelado, o sal e o mel. Misture e acrescente o restante da água e o azeite. Amasse até incorporar toda a farinha. Sove a massa até ficar macia e homogênea.

> Forme uma bola com a massa e cubra com um pano de prato ligeiramente umedecido. Deixe crescer por 1 hora. Ao final do tempo indicado, a massa terá dobrado de tamanho.

> Enfarinhe a bancada. Divida a massa em três porções iguais (cerca de 310 g cada). Pegue uma das porções de massa e traga as bordas para o centro, pressionando com a ponta dos dedos. Role a massa entre as mãos, pressionando-a na bancada, para obter uma bola regular e lisa. Modele os outros pães. Cubra com um pano de prato e deixe descansar por 15 minutos, com as emendas viradas para baixo.

> Retome as peças de massa e achate-as com a palma da mão **1 2** para eliminar bolhas de ar. Acomode-as em uma assadeira forrada com papel-manteiga. Cubra com um pano de prato ligeiramente umedecido e deixe crescer por 2 horas.

> Coloque uma assadeira na grade inferior do forno. Preaqueça o forno a 230 °C. Com uma lâmina, faça incisões variadas na superfície dos pães: forme losangos **3**, pithiviers e uma cruz. Imediatamente antes de levar ao forno, despeje 50 ml de água na assadeira aquecida. Asse por cerca de 20 minutos.

> Retire os pães do forno, e deixe-os sobre uma grade até esfriarem.

× **Ekmek com framboesas secas** Ao terminar de sovar, junte 190 g de framboesas secas (20% do peso da massa) à massa. Faça incisões em pithiviers (ver p. 39).

× **Ekmek com gergelim preto** Espalhe o gergelim na bancada. Achate uma das porções de massa. Com a ajuda de um pincel ou um borrifador, umedeça toda a superfície do pão. A seguir, passe-o pelo gergelim e pressione-o delicadamente para aderir à superfície umedecida. Deixe crescer sobre uma assadeira forrada com papel-manteiga. Faça incisões em cruz (ver p. 38).

TEMPO DE PREPARO
sova 15min
crescimento inicial 1h
descanso 15min
crescimento final 2h
cozimento 20min

Para 3 pães de cerca de 310 g
500 g de farinha de trigo especial
225 g de água a 20 °C
100 g de levain líquido
(ou 25 g de levain seco)
5 g de fermento biológico fresco
10 g de sal
75 g de mel líquido
40 g de azeite

Os pães de todo o mundo

Pumpernickel
(Alemanha)

TEMPO DE PREPARO
sova 8min
crescimento inicial 1h
crescimento final 16-20h
cozimento 6h

Para 2 pães de cerca de 615 g
300 g de farinha de centeio
150 g de farinha de trigo integral
50 g de triguilho (trigo para quibe)
500 g de água a 25 °C
120 g de levain líquido
(ou 25 g de levain seco)
10 g de sal
60 g de mel líquido
40 g de mix de sementes: anis, coentro, erva-doce e Kümmel
manteiga para untar as fôrmas

2 fôrmas com tampa medindo 17 cm x 7,5 cm x 7,5 cm

> **SOVA À MÁQUINA** Na tigela da batedeira, junte as duas farinhas, o triguilho, a água, o levain líquido (ou seco), o sal e o mel. Bata por 4 minutos em velocidade baixa; depois, por mais 4 minutos em velocidade alta. Antes de terminar de sovar, adicione o mix de sementes e bata novamente **1**. A massa deve ficar com consistência cremosa **2**.

> **SOVA MANUAL** Em uma bancada ou tigela, junte as duas farinhas e o triguilho e abra uma cova grande no centro. Acrescente metade da água, o levain líquido (ou seco), o sal e o mel. Misture, adicione o restante da água e amasse até incorporar toda a farinha. Coloque o mix de sementes e sove até obter uma massa com consistência cremosa.

> Cubra com um pano de prato ligeiramente umedecido e deixe descansar por 1 hora **3**. Ao final do tempo indicado, a massa terá dobrado de tamanho.

> Unte as fôrmas com manteiga. Preencha-as com dois terços de massa e alise a superfície **4**. Tampe as fôrmas **5**. Deixe crescer por 16-20 horas em temperatura ambiente. A massa vai ocupar praticamente todo o volume das fôrmas.

> Preaqueça o forno a 110 °C e asse por 6 horas.

> Retire as fôrmas do forno e remova as tampas. Desenforme os pães e deixe-os sobre uma grade até esfriarem.

× O pumpernickel é um pão escuro. O tom achocolatado é conseguido graças ao centeio, o principal ingrediente, e ao tempo de cozimento. A fermentação e o cozimento longos também conferem a esse pão aroma e sabor inigualáveis.

Broa
(Portugal)

◐◐ TEMPO DE PREPARO ◐◐
sova 9min
crescimento inicial 1h
descanso 30min
crescimento final 1h10
cozimento 25min

Para 3 pães de cerca de 320 g
250 g de fubá
250 g de farinha de trigo especial
330 g de água a 20 ºC
100 g de levain líquido
(ou 25 g de levain seco)
5 g de fermento biológico fresco
10 g de sal
30 g de óleo de canola

> **SOVA À MÁQUINA** Na tigela da batedeira, junte as duas farinhas, a água, o levain líquido (ou seco), o fermento biológico e o sal. Bata por 4 minutos em velocidade baixa; depois, por mais 5 minutos em velocidade alta. Cerca de 2 minutos antes do final da sova, incorpore o óleo de canola.

> **SOVA MANUAL** Em uma bancada ou tigela, junte as duas farinhas e abra uma cova grande no centro. Junte metade da água, o levain líquido (ou seco), o fermento biológico esfarelado e o sal. Misture, acrescente o restante da água e amasse até incorporar toda a farinha. Sove a massa até ficar macia e homogênea. Ao terminar de sovar, junte o óleo de canola.

> Forme uma bola com a massa e cubra com um pano de prato ligeiramente umedecido. Deixe crescer por 1 hora. Ao final do tempo indicado, a massa terá dobrado de tamanho.

> Enfarinhe a bancada. Divida a massa em três porções iguais (cerca de 320 g cada) e, sem trabalhar demais a massa, molde três bolas. Cubra com um pano de prato e deixe descansar por 30 minutos.

> Retome as porções de massa. Traga as bordas para o centro. Coloque a massa sobre a bancada, com as emendas viradas para baixo. Role a massa sobre a bancada, pressionando-a para obter uma bola regular e lisa. Modele os outros pães.

> Acomode os pães, com as emendas viradas para baixo, em bannetons previamente enfarinhados. Cubra com um pano de prato ligeiramente umedecido e deixe crescer por 1h10.

> Coloque uma assadeira na grade inferior do forno. Preaqueça o forno a 210 °C. Incline os bannetons para transferir cuidadosamente as porções de massa (sem deixar escapar o ar), com as emendas viradas para cima, para uma assadeira forrada com papel-manteiga. Não faça incisões nos pães. Imediatamente antes de levar ao forno, despeje 50 ml de água na assadeira aquecida. Asse por cerca de 25 minutos.

> Retire as broas do forno e deixe-as sobre uma grade até esfriarem.

✗ A broa é uma verdadeira instituição em Portugal, assim como o pão de campanha na França. Seu miolo é amarelado e a crosta enfarinhada, muito crocante.

Os pães de todo o mundo

Bagel
(Canadá e Estados Unidos)

◷◷ TEMPO DE PREPARO ◷◷

sova 10min
crescimento inicial 1h
descanso 15min
crescimento final 30min
cozimento 27min + 15min

Para 9 bagels de cerca de 100 g

500 g de farinha de trigo especial ✤ 200 g de água a 20 ºC
✤ 100 g de levain líquido (ou 25 g de levain seco) ✤ 5 g de fermento biológico fresco ✤ 10 g de sal ✤ 20 g de açúcar
✤ 1 ovo + 1 ovo para pincelar ✤ 25 g de manteiga amolecida
✤ gergelim branco e sementes de papoula

> **SOVA À MÁQUINA** Na tigela da batedeira, junte a farinha, a água, o levain líquido (ou seco), o fermento biológico, o sal, o açúcar e o ovo. Bata por 4 minutos em velocidade baixa; depois, por 6 minutos em velocidade alta [1]. Cerca de 3 minutos antes de terminar de sovar, incorpore a manteiga.

> **SOVA MANUAL** Em uma bancada ou tigela, despeje a farinha e abra uma cova grande no centro. Junte metade da água, o levain líquido (ou seco), o fermento biológico esfarelado, o sal, o açúcar e o ovo. Misture, acrescente o restante da água e amasse até incorporar toda a farinha. Adicione a manteiga. Sove a massa até ficar macia e homogênea.

> Forme uma bola com a massa, cubra com um pano de prato ligeiramente umedecido e deixe crescer por 1 hora. Ao final do tempo indicado, a massa terá dobrado de tamanho.

> Enfarinhe a bancada, antes de colocar a massa ❷. Achate-a e dobre-a sobre ela mesma ❸ ❹. Com a ajuda de um cortador, divida a massa em nove porções iguais (cerca de 100 g cada) ❺. Cubra com um pano de prato e deixe descansar por 15 minutos.

> Role cada uma das nove porções de massa sobre a bancada para formar bolas bem arredondadas ❻ ❼. Polvilhe-as com farinha. Com o dedo indicador, abra um furo no centro da bola de massa ❽. Aumente esse furo: role a massa entre dois dedos ❾ ❿, a seguir, estique-o puxando o bagel de ambos os lados ⓫. Cubra as peças com um pano de prato e deixe crescer por 30 minutos.

> Leve ao fogo uma panela grande com água. Quando ferver mergulhe uma peça da massa ⓬. Deixe cozinhar por 1 minuto e meio, vire e cozinhe por mais 1 minuto e meio, até estufar ⓭. Transfira para uma grade, colocada sobre a pia, e deixe escorrer. Aferventte os outros pães.

> Espalhe o gergelim em um prato grande. Faça o mesmo com as sementes de papoula. Bata um ovo e pincele a superfície dos bagels. Cubra três deles com o gergelim e três com as sementes de papoula. Os outros três devem ficar sem cobertura. Acomode-os em uma assadeira forrada com papel-manteiga.

> Coloque uma assadeira na grade inferior do forno. Preaqueça o forno a 200 °C. Imediatamente antes de levar ao forno, coloque 50 ml de água na assadeira aquecida. Asse por 15 minutos.

> Retire os bagels do forno e deixe-os sobre uma grade até esfriarem.

Os pães de todo o mundo

Pão de hambúrguer
(Estados Unidos)

⊙⊙ TEMPO DE PREPARO ⊙⊙
sova 15min
crescimento inicial 1h
descanso 15min
crescimento final 2h
cozimento 14min

Para 10 pães de cerca de 100 g
500 g de farinha de trigo especial
200 g de água a 20 ºC
100 g de levain líquido
(ou 20 g de levain seco)
75 g de gemas
16 g de fermento biológico fresco
8 g de sal
25 g de leite em pó
35 g de açúcar
50 g de manteiga amolecida
50 ml de óleo de girassol
+ o suficiente para pincelar
as peças da massa
10 g de tinta de lula (encontrada
em lojas de produtos gourmet
e pela internet)
gergelim branco

2 fôrmas de silicone com
cavidades de 12 cm de diâmetro

> **SOVA À MÁQUINA** Na tigela da batedeira, junte a farinha, a água, o levain líquido (ou seco), as gemas, o fermento biológico, o sal, o leite em pó e o açúcar. Bata por 5 minutos em velocidade baixa; depois, por 10 minutos em velocidade alta. Cerca de 3 minutos antes de terminar de sovar, acrescente a manteiga e o óleo. Ao final, adicione a tinta de lula ❶ e misture até obter uma massa com cor uniforme ❷.

> **SOVA MANUAL** Em uma bancada ou tigela, despeje a farinha e abra uma cova grande no centro. Junte metade da água, o levain líquido (ou seco), as gemas, o fermento biológico esfarelado, o sal, o leite em pó e o açúcar. Misture, acrescente o restante da água e amasse até incorporar toda a farinha. Adicione a manteiga amolecida, o óleo e a tinta de lula. Sove a massa até ficar macia e homogênea.

> Forme uma bola com a massa e cubra com um pano de prato umedecido. Deixe descansar por 1 hora. Ao final do tempo indicado, a massa terá dobrado de tamanho.

> Enfarinhe a bancada. Divida a massa em dez porções iguais (cerca de 100 g cada) e role-as entre as mãos para formar bolas regulares e lisas ❸ ❹. Cubra com um pano de prato e deixe descansar por 15 minutos.

> Espalhe o gergelim em um prato. Pincele as bolas de massa com óleo e passe-as pelo gergelim ❺. Acomode os pães nas cavidades das fôrmas ou em assadeiras forradas com papel-manteiga. Cubra com um pano de prato umedecido. Deixe crescer por 2 horas ❻.

> Coloque uma assadeira na grade inferior do forno. Preaqueça o forno a 170 °C. Imediatamente antes de levar os pães ao forno, coloque 50 ml de água na assadeira aquecida. Asse por 14 minutos.

> Retire os pães do forno e deixe-os sobre uma grade até esfriarem.

Pain vaudois
(Suíça)

⏰ TEMPO DE PREPARO ⏰

sova 11min
crescimento inicial 2h
descanso 30min
crescimento final 1h30
cozimento 25min

Para 2 pães de cerca de 460 g

450 g de farinha de trigo especial ✦ 50 g de farinha de centeio ✦ 320 g de água a 20 ºC ✦ 100 g de levain líquido (ou 25 g de levain seco) ✦ 5 g de fermento biológico ✦ 10 g de sal

> **SOVA À MÁQUINA** Na tigela da batedeira, junte as duas farinhas, a água, o levain líquido (ou seco), o fermento biológico e o sal. Bata por 4 minutos em velocidade baixa; depois, por 7 minutos em velocidade alta.

> **SOVA MANUAL** Em uma bancada ou tigela, junte as duas farinhas e abra uma cova grande no centro. Acrescente metade da água, o levain líquido (ou seco), o fermento biológico esfarelado e o sal. Misture, adicione o restante da água e amasse até incorporar toda a farinha. Sove a massa até ficar macia e homogênea.

> Forme uma bola com a massa e cubra com um pano de prato ligeiramente umedecido. Deixe crescer por 2 horas. Na metade desse tempo, trabalhe novamente a massa; finalize dobrando-a ao meio. Ao final do tempo indicado, a massa terá dobrado de tamanho.

> Enfarinhe a bancada. Divida a massa em duas porções iguais (cerca de 460 g cada) e forme duas bolas. Cubra com um pano de prato e deixe descansar por 30 minutos.

> Com um cortador de massa, retire o equivalente a um quinto de cada porção de massa. Forme duas bolas com essas pequenas porções – elas serão o centro dos pães 1. Retome uma das peças maiores de massa, trazendo as bordas para o centro e pressionando 2 3. Role a massa sobre ela mesma 4 para virar a emenda para baixo. Role-a sobre a bancada, pressionando-a para baixo a fim de obter uma bola regular e lisa 5.

> Polvilhe a massa com farinha. Afunde um rolo de massa para fazer uma fenda no meio da bola 6, a seguir, aproxime as bordas 7. Vire a peça, de modo que a fenda fique na vertical. Faça outra fenda 8, formando uma cruz. Aproxime as bordas. Coloque uma das bolas pequenas de massa no centro da cruz. Encaixe-a bem 9 e aperte delicadamente em volta da massa para fechá-la no centro do pão 10. Cubra com um pano de prato umedecido. Modele o outro pão. Deixe crescer por 1h30.

> Coloque uma assadeira na grade inferior do forno. Preaqueça o forno a 230 °C. Transfira os pães para uma assadeira forrada com papel-manteiga. Imediatamente antes de levar ao forno, despeje 50 ml de água na assadeira aquecida. Asse por 10 minutos. A seguir, baixe a temperatura para 210 °C e deixe assar por mais 15 minutos.

> Retire os pães do forno e deixe-os sobre uma grade até esfriarem.

Os pães de todo o mundo

Anexos

Tabela dos pães (para profissionais)

(Ver observações na p. 298)

	Temp. de base	Temp. de forno	Tempo de crescimento (inicial e final) / Tempo de cozimento	Ingredientes	Peso da massa crua (por peça)	Comentários
OS PÃES TRADICIONAIS						
Pão redondo	56 ºC	250 ºC	1h30 e 1h30 / 24min	1 kg de farinha de trigo especial – 660 g de água a 20 ºC – 200 g de levain líquido – 4 g de fermento biológico – 20 g de sal	300 g	
Bâtard	56 ºC	250 ºC	1h30 e 1h30 / 20min	1 kg de farinha de trigo especial – 650 g de água a 20 ºC – 200 g de levain líquido – 4 g de fermento biológico – 20 g de sal	300 g	
Baguete	58 ºC	250 ºC	autólise 1h, depois 1h30 e 1h20 / 20min e 25min com tempo úmido	1 kg de farinha de trigo especial – 650 g de água – 200 g de levain líquido – 5 g de fermento biológico – 20 g de sal	300 g	Acrescentar o restante da água 3min antes do final da sova.
Polka	56 ºC	250 ºC	autólise 1h, depois 1h30 e 1h30 / 25min	1 kg de farinha de trigo especial – 650 g de água – 200 g de levain líquido – 5 g de fermento biológico – 20 g de sal	300 g	Acrescentar o restante da água 3min antes do final da sova.
Pães de fantasia (espiga, ficelle e trança)	58 ºC	250 ºC	autólise 1h, depois 1h30 e 1h20 / 12min	1 kg de farinha de trigo especial – 650 g de água – 200 g de levain líquido – 5 g de fermento biológico – 20 g de sal	150 g	Acrescentar o restante da água 3min antes do final da sova.
Gâche	58 ºC	250 ºC	1h30, depois 1h30 / 18min	1 kg de farinha de trigo especial – 650 g de água – 200 g de levain líquido – 5 g de fermento biológico – 20 g de sal	300 g	
Filão	58 ºC	250 ºC	autólise 1h, depois 1h15 e 1h40 / 40min com tempo seco e 50min com tempo úmido	1 kg de farinha de trigo especial – 625 g de água – 200 g de levain líquido – 5 g de fermento biológico – 20 g de sal	1,3 kg	
Pão rústico	58 ºC	250 ºC	1h30 e 1h30 / 25min	800 g de farinha de trigo especial – 200 g de farinha de trigo-sarraceno – 6 g de malte torrado – 620 g de água – 200 g de levain líquido – 4 g de fermento biológico – 20 g de sal	300 g	
OS PÃES ESPECIAIS						
Pão de farinha de primeira moagem	56 ºC	250 ºC	2h e 2h / 25min	850 g de farinha de trigo especial – 100 g de farinha de primeira moagem – 50 g de farinha de centeio – 720 g de água (28-30 ºC) – 200 g de levain líquido – 2 g de fermento biológico – 20 g de sal grosso – 20 g de óleo de sementes de uva	300 g	Bem hidratado, o pão de primeira moagem tem uma bela aparência, que lembra o formato de grão de trigo.
Pão de milho	58 ºC	250 ºC	45min e 1h30 / 20min	500 g de farinha de trigo especial – 500 g de fubá – 620 g de água – 200 g de levain líquido – 6 g de fermento biológico – 20 g de sal	300 g	A presença do fubá justifica não ultrapassar o tempo de crescimento, sob o risco de os pães murcharem.
Pão multigrãos	56 ºC	250 ºC	1h30 e 2h / 20min	1 kg de farinha de trigo especial – 600 g de água – 200 g de levain líquido – 6 g de fermento biológico – 20 g de sal – 180 g de mix de sementes e grãos (linhaça, gergelim, painço e quinoa) torrados + o suficiente para finalizar os pães	300 g	

	Temp. de base	Temp. de forno	Tempo de crescimento (inicial e final) / Tempo de cozimento	Ingredientes	Peso da massa crua (por peça)	Comentários
Pão de Kamut®	58 °C	250 °C	1h e 2h / 25min	400 g de farinha de trigo especial – 600 g de farinha de Kamut® – 620 g de água – 300 g de levain líquido – 4 g de fermento biológico – 20 g de sal (variação com 1 kg de farinha de Kamut® – 650 g de água – 300 g de levain líquido e 20 g de sal)	300 g	Assar em barquetas.
Pão integral	56 °C	250 °C	1h e 1h30 / 25min	1 kg de farinha de trigo integral – 720 g de água – 200 g de levain líquido – 6 g de fermento biológico – 20 g de sal	300 g	De preferência, use farinha orgânica. A massa deve ser bem hidratada, caso contrário o pão ficará pesado e massudo.
Pão de semolina	56 °C	250 °C	2h e 1h30 / 20min	400 g de farinha de trigo especial – 600 g de semolina de trigo duro – 650 g de água – 200 g de levain líquido – 4 g de fermento biológico – 20 g de sal	300 g	Coloque em camas de farinha de semolina e em câmaras de fermentação por 12h e a 10 °C.
Pão de campanha	56 °C	260 °C	5h e 1h30 / 6min a 260 °C e 19min a 240 °C	900 g de farinha de trigo especial – 100 g de farinha de centeio – 680 g de água – 200 g de levain líquido – 4 g de fermento biológico – 20 g de sal	700 g	
Pão de farelo de trigo	56 °C	240 °C	45min e 1h30 / 25min	600 g de farinha de trigo especial – 100 g de farinha de centeio – 300 g de farelo de trigo – 640 g de água – 200 g de levain líquido – 6 g de fermento biológico – 20 g de sal	300 g	
Pão de centeio	60 °C	250 °C	1h e 1h30 / 30min	300 g de farinha de trigo especial – 700 g de farinha de centeio – 720 g de água – 200 g de levain líquido – 3 g de fermento biológico – 20 g de sal	300 g	
Pão de méteil	59 °C	250 °C	1h30 e 1h30 / 30min	500 g de farinha de trigo especial – 500 g de farinha de centeio – 750 g de água – 200 g de levain líquido – 3 g de fermento biológico – 20 g de sal	300 g	
Pão de fubá sem glúten		200 °C	25min	1 kg de fubá – 660 g de leite – 180 g de manteiga – 20 g de sal – 240 g de gemas – 360 g de claras – 40 g de fermento biológico	100 g	
Pão de castanha sem glúten		250 °C	25min + 10min em forno desligado	800 g de farinha de castanha – 200 g de farinha de soja – 800 g de água – 20 g de sal – 10 g de fermento biológico	300 g	

OS PÃES ORGÂNICOS DE FERMENTAÇÃO NATURAL

	Temp. de base	Temp. de forno	Tempo de crescimento (inicial e final) / Tempo de cozimento	Ingredientes	Peso da massa crua (por peça)	Comentários
Baguete orgânica	58 °C	250 °C	autólise 1h, depois 1h30 e 1h30 / 20min e 25min com tempo úmido	1 kg de farinha de trigo orgânica – 650 g de água – 200 g de levain líquido – 5 g de fermento biológico – 20 g de sal (em outras versões, as peças de massa são passadas em sementes de linhaça, de abóbora, de gergelim e grãos de painço)	300 g	Acrescentar o restante da água 3min antes do final da sova.
Pão de uvas-passas	58 °C	255 °C	autólise 2h, depois 2h30 e 2h / 1h	1 kg de farinha de moinho orgânica – 700 g de água – 510 g de levain líquido – 5 g de fermento biológico – 20 g de sal – 15% do peso da massa de uvas-passas escuras, sem sementes	2,520 kg	

	Temp. de base	Temp. de forno	Tempo de crescimento (inicial e final) / Tempo de cozimento	Ingredientes	Peso da massa crua (por peça)	Comentários
Pão clássico orgânico	58 °C	250 °C	2h e 1h30 / 1h	1 kg de farinha de trigo especial orgânica – 500 g de água – 200 g de levain líquido – 2 g de fermento biológico – 20 g de sal	1,780 kg	
Pão de trigo-sarraceno	56 °C	250 °C	2h e 1h40 / 25min	600 g de farinha de trigo especial orgânica – 400 g de farinha de trigo-sarraceno orgânica – 6 g de malte torrado (opcional) – 600 g de água + 20 g para hidratar a massa – 200 g de levain líquido – 2 g de fermento biológico – 20 g de sal	500 g	
Pão de espelta	56 °C	250 °C	1h30 e 1h30 / 30min	650 g de farinha de espelta – 350 g de farinha de espelta orgânica – 660 g de água – 300 g de levain líquido – 2 g de fermento biológico – 20 g de sal	400 g	
Pão de farro	59 °C	250 °C	1h30 e 1h30 / 15min a 250 °C, depois 30min a 220 °C	900 g de farinha de farro – 100 g de farinha de trigo especial orgânica – 650 g de água – 200 g de fermento líquido – 2 g de fermento biológico – 20 g de sal grosso	1,780 kg	
Pão de fôrma integral	58 °C	250 °C	1h e 1h30 / 25min	1 kg de farinha de trigo integral – 720 g de água – 200 g de levain líquido – 2 g de fermento biológico – 20 g de sal grosso	300 g	
Pão redondo de farinha de moinho orgânica	56 °C	255 °C	autólise 2h, depois 2h45 e 2h / 25min a 255 °C, depois 35min a 220 °C	300 g de farinha de trigo especial orgânica – 700 g de farinha de moinho orgânica – 700 g de água – 510 g de levain líquido – 2 g de fermento biológico – 20 g de sal grosso	2,290 kg	

OS PÃES ENRIQUECIDOS

	Temp. de base	Temp. de forno	Tempo de crescimento (inicial e final) / Tempo de cozimento	Ingredientes	Peso da massa crua (por peça)	Comentários
Pão de avelãs e manteiga	56 °C	230 °C	1h e 1h15 / 20 a 25min	1 kg de farinha de trigo especial – 600 g de água – 200 g de levain líquido – 10 g de fermento biológico – 20 g de sal – 50 g de leite em pó – 70 g de açúcar – 100 g de manteiga – 350 g de avelãs	300 g	
Pão de nozes e gorgonzola	56 °C	250 °C	1h30 e 1h30 / 18min	1 kg de farinha de trigo especial – 650 g de água – 200 g de levain líquido – 10 g de fermento biológico – 20 g de sal – 200 g de nozes picadas – 200 g de gorgonzola	300 g	
Pão de matcha e laranja	56 °C	240 °C	2h e 1h15 / 20min	1 kg de farinha de trigo especial – 600 g de água – 200 g de levain líquido – 4 g de fermento biológico – 20 g de sal – 60 g de azeite – 20 g de matcha (chá verde em pó) – 300 g de cascas de laranja cristalizadas – 50 g de água de flor de laranjeira	300 g	
Pão de laranja	56 °C	250 °C	2h e 1h / 20min	1 kg de farinha de trigo especial – 620 g de água – 200 g de levain líquido – 10 g de fermento biológico – 20 g de sal – 50 g de manteiga amolecida – 50 g de água de flor de laranjeira – 190 g de cascas de laranja cristalizadas cortadas em tiras	300 g	
Pão de figo	56 °C	250 °C	1h30 e 1h30 / 20min	1 kg de farinha de trigo especial – 650 g de água – 200 g de levain líquido – 10 g de fermento biológico – 20 g de sal – 400 g de figos secos	300 g	

Anexos

	Temp. de base	Temp. de forno	Tempo de crescimento (inicial e final) / Tempo de cozimento	Ingredientes	Peso da massa crua (por peça)	Comentários
Pão com mel	56 ºC	200 ºC	1h30 e 1h30 / 20min	1 kg de farinha de trigo especial – 500 g de água – 200 g de levain líquido – 6 g de fermento biológico – 20 g de sal – 300 g de mel + o suficiente para a finalização	300 g	
Pão de nozes e manteiga	56 ºC	230 ºC	1h30 e 1h15 / 17min	1 kg de farinha de trigo especial – 450 g de água – 200 g de levain líquido – 10 g de fermento biológico – 20 g de sal – 50 g de leite em pó – 70 g de açúcar – 150 g de manteiga amolecida – 300 g de nozes picadas	300 g	
Pão de cúrcuma	56 ºC	230 ºC	1h30 e 1h / 20-25min	1 kg de farinha de trigo especial – 600 g de água – 200 g de levain líquido – 10 g de fermento biológico – 20 g de sal – 50 g de leite em pó – 70 g de açúcar – 100 g de manteiga – 18 g de cúrcuma	300 g	
Rosca de doze frutas secas	56 ºC	240 ºC	1h30 e 1h30 / 30min	1 kg de farinha de trigo especial – 650 g de água – 200 g de levain líquido – 10 g de fermento biológico – 20 g de sal – 30% do peso da massa em frutas secas e oleaginosas (avelãs, nozes-pecãs, pignoli, pistache, uvas-passas escuras e claras, sem sementes, amêndoas, castanhas de caju, figos secos, ameixas-pretas, cranberries e damascos secos)	600 g	
Pão de gergelim	56 ºC	240 ºC	1h30 e 1h30 / 18min	1 kg de farinha de trigo especial – 650 g de água – 200 g de levain líquido – 10 g de fermento biológico – 20 g de sal – 200 g de gergelim torrado e hidratado a 70% – 200 g de gergelim cru	300 g	
Pão de tinta de lula	56 ºC	250 ºC	autólise 1h, depois 45min e 3h / 20min e 25min com tempo úmido	1 kg de farinha de trigo especial – 650 g de água – 200 g de levain líquido – 6 g de fermento biológico – 20 g de sal – 20 g de tinta de lula	300 g	Acrescentar o restante da água 3min antes do final da sova.

OS PÃES À BASE DE AZEITE

	Temp. de base	Temp. de forno	Tempo de crescimento (inicial e final) / Tempo de cozimento	Ingredientes	Peso da massa crua (por peça)	Comentários
Ciabatta natural	56 ºC	270 ºC	2h e 1h / 6min a 270 ºC, depois 9-14min a 250 ºC	1 kg de farinha de trigo especial – 680 g de água – 200 g de levain líquido – 10 g de fermento biológico – 20 g de sal – 60 g de azeite + o suficiente para pincelar	300 g	Não asse demais as ciabattas, pois elas devem ficar com a tonalidade creme do trigo.
Ciabatta de grãos e sementes	56 ºC	270 ºC	2h e 1h / 6min a 270 ºC, depois 9-14min a 250 ºC	1 kg de farinha de trigo especial – 680 g de água – 200 g de levain líquido – 10 g de fermento biológico – 20 g de sal – 60 g de azeite – 180 g de grãos e sementes variados: de painço, de abóbora e gergelim, demolhados em 200 g de água por kg de grãos + azeite suficiente para pincelar	350 g	Não asse demais as ciabattas, pois elas devem ficar com a tonalidade creme do trigo.
Ciabatta de trigo-sarraceno	56 ºC	270 ºC	2h e 1h / 6min a 270 ºC, depois 9-14min a 250 ºC	900 g de farinha de trigo especial – 100 g de farinha de trigo-sarraceno – 700 g de água – 200 g de levain líquido – 6 g de fermento biológico – 18 g de sal – 60 g de azeite + o suficiente para pincelar	350 g	Não asse demais as ciabattas, pois elas devem ficar com a tonalidade creme do trigo.

	Temp. de base	Temp. de forno	Tempo de crescimento (inicial e final) / Tempo de cozimento	Ingredientes	Peso da massa crua (por peça)	Comentários
Ciabatta com sementes de abóbora	56 °C	270 °C	2h e 1h / 6min a 270 °C, depois 9-14min a 250 °C	1 kg de farinha de trigo especial - 680 g de água - 200 g de levain líquido - 10 g de fermento biológico - 20 g de sal - 60 g de azeite - 200 g de sementes de abóbora tostadas demolhadas em 200 g de água por kg de sementes + azeite suficiente para pincelar + sementes de abóbora	350 g	Não asse demais as ciabattas, pois elas devem ficar com a tonalidade creme do trigo.
Pão de manjericão	56 °C	265 °C	2h e 1h / 20min a 25 °C	1 kg de farinha de trigo especial - 700 g de água - 200 g de levain líquido - 6 g de fermento biológico - 20 g de sal - 60 g de azeite - 150 g de manjericão - azeite suficiente para pincelar	350 g	Pão ideal para aperitivo. Não asse demais as ciabattas, pois elas devem ficar com a tonalidade creme do trigo.
Pão de tomates secos	56 °C	265 °C	2h e 1h / 20min a 25 °C	1 kg de farinha de trigo especial - 700 g de água - 200 g de levain líquido - 6 g de fermento biológico - 20 g de sal - 60 g de azeite - 300 g de tomates secos - azeite para pincelar	350 g	Não asse demais as ciabattas, pois elas devem ficar com a tonalidade creme do trigo.
Fougasse de queijo de cabra	56 °C	250 °C	2h e 1h / 15min a 20 °C	1 kg de farinha de trigo especial - 680 g de água - 200 g de levain líquido - 10 g de fermento biológico - 20 g de sal - 60 g de azeite - 200 g de creme de leite fresco - 400 g de queijo de cabra com cinzas - azeite suficiente para pincelar	350 g	
Fougasse de azeitonas pretas e verdes	56 °C	265 °C	2h e 1h / 20min a 25 °C	1 kg de farinha de trigo especial - 700 g de água - 200 g de levain líquido - 10 g de fermento biológico - 20 g de sal - 60 g de azeite - 400 g de azeitonas pretas e verdes sem caroço - 200 g de queijo emmenthal ralado - azeite para pincelar	350 g	
Fougasse com bacon	56 °C	265 °C	2h e 1h / 20min a 25 °C	1 kg de farinha de trigo especial - 680 g de água - 200 g de levain líquido - 10 g de fermento biológico - 20 g de sal - 60 g de azeite - 200 g de creme de leite fresco - 150 g de queijo emmenthal ralado - 500 g de bacon - azeite para pincelar	350 g	
Pizza	56 °C	250 °C	2h e 1h / 15min a 20 °C	1 kg de farinha de trigo especial - 680 g de água - 200 g de levain líquido - 10 g de fermento biológico - 20 g de sal - 60 g de azeite - 30 g de açúcar - 400 g de molho de tomate - 400 g de queijo emmenthal ralado - 8 fatias de presunto	1,8 kg	

OS PÃES DOCES E OS VIENNOISERIES

	Temp. de base	Temp. de forno	Tempo de crescimento (inicial e final) / Tempo de cozimento	Ingredientes	Peso da massa crua (por peça)	Comentários
Pãozinho de leite	56 °C	200 °C	30min e 2h / 13-15min	1 kg de farinha de trigo especial - 450 g de leite - 40 g de fermento biológico - 20 g de sal - 250 g de manteiga - 70 g de açúcar - ovos para pincelar - granulados de açúcar	125 g	
Viennois	56 °C	160 °C	30min e 1h30 / 30-45min	1 kg de farinha de trigo especial - 450 g de água - 150 g de levain líquido - 30 g de fermento biológico - 20 g de sal - 50 g de leite em pó - 150 g de manteiga - 70 g de açúcar - ovos para pincelar - 200 g de gotas de chocolate para a variação	190 g	

	Temp. de base	Temp. de forno	Tempo de crescimento (inicial e final) / Tempo de cozimento	Ingredientes	Peso da massa crua (por peça)	Comentários
Pão doce	56 °C	200 °C	30min e 1h30 / 25min	1 kg de farinha de trigo especial – 300 g de água – 200 g de levain líquido – 6 g de fermento biológico – 20 g de sal – 100 g de açúcar mascavo – calda de açúcar preparada com 100 g de açúcar mascavo e 100 g de água – óleo de girassol para a modelagem	350 g	
Brioche	56 °C	170 °C	2h e 1h30 / 25min	1 kg de farinha de trigo especial – 600 g de ovos – 150 g de levain líquido – 40 g de fermento biológico – 20 g de sal – 500 g de manteiga – 160 g de açúcar – 10 g de essência de baunilha – ovos para pincelar – granulados de açúcar – manteiga para untar as fôrmas	300 g e 120 g para os mini-brioches	
Pão de fôrma tipo brioche	56 °C	180 °C	30min e 1h30 / 30min	1 kg de farinha de trigo especial – 540 g de água – 150 g de levain líquido – 40 g de fermento biológico – 20 g de sal – 50 g de leite em pó – 150 g de manteiga – 70 g de açúcar – manteiga para untar as fôrmas	1 kg	
Benotton de uvas-passas	56 °C	220 °C	1h e 1h30 / 12-15min	600 g de farinha de trigo especial – 400 g de farinha de centeio – 720 g de água – 150 g de levain líquido – 20 g de fermento biológico – 20 g de sal – 600 g de uvas-passas escuras, sem sementes	80 g	
Croissant	56 °C	170 °C	refrigeração 4h e crescimento final 2h / 15min	1 kg de farinha de trigo especial – 440 g de água – 100 g de levain líquido – 2 ovos (100 g) – 40 g de fermento biológico – 20 g de sal – 120 g de açúcar – 50 g manteiga amolecida – 500 g de manteiga – ovos para pincelar	60 g	
Pão de chocolate	56 °C	170 °C	refrigeração 4h e crescimento final 2h / 15min	1 kg de farinha de trigo especial – 440 g de água – 100 g de levain líquido – 2 ovos (100 g) – 40 g de fermento biológico – 20 g de sal – 120 g de açúcar – 50 g manteiga amolecida + 500 g para folhear – chocolate amargo em barra – ovos para pincelar	80 g	
Pãozinho de baunilha	56 °C	200 °C	1h10 e 1h20 / 15min	1 kg de farinha de trigo especial – 500 g de água – 200 g de levain líquido – 60 g de óleo de canola – 14 g de fermento biológico – 20 g de sal – 160 g de açúcar mascavo – 8 favas de baunilha	60 g	
Pão de fôrma	56 °C	170 °C	30min e 1h30 / 30-40min	1 kg de farinha de trigo especial – 560 g de água – 150 g de levain líquido – 40 g de fermento biológico – 20 g de sal – 20 g de leite em pó – 80 g de manteiga – 40 g de creme de leite fresco – 80 g de açúcar – ovos para pincelar – 80 g de massa de pistache para a variação – manteiga para untar as fôrmas	500 g	
Pão de uvas-passas	56 °C	170 °C	refrigeração 4h e crescimento final 2h / 15min	1 kg de farinha de trigo especial – 440 g de água – 100 g de levain líquido – 2 ovos (100 g) – 40 g de fermento biológico – 20 g de sal – 120 g de açúcar – 50 g de manteiga amolecida + 500 g para folhear – ovos para pincelar – creme de confeiteiro (com 4 ovos, 220 g de açúcar, 100 g de amido de milho, 1 kg de leite, 2 favas de baunilha) – 300 g de uvas-passas escuras, sem sementes (15% do peso da massa)	80 g	

	Temp. de base	Temp. de forno	Tempo de crescimento (inicial e final) / Tempo de cozimento	Ingredientes	Peso da massa crua (por peça)	Comentários
OS PÃEZINHOS						
Pãozinho de sementes de papoula	56 °C	230 °C	1h30 e 1h30 / 12-13min	1 kg de farinha de trigo especial – 640 g de água – 200 g de levain líquido – 10 g de fermento biológico – 20 g de sal – 200 g de sementes de papoula tostadas + sementes de papoula cruas para salpicar as peças de massa	60 g	
Pãozinho de bacon e nozes-pecãs	56 °C	230 °C	1h30 e 1h30 / 12-13min	1 kg de farinha de trigo especial – 620 g de água – 200 g de levain líquido – 10 g de fermento biológico – 20 g de sal – 400 g de bacon defumado (20% do peso da massa) – 200 g de nozes-pecãs (10% do peso da massa)	60 g	
Pistolet	56 °C	230 °C	1h30 e 1h30 / 13min	1 kg de farinha de trigo especial – 620 g de água – 200 g de levain líquido – 6 g de fermento biológico – 20 g de sal	75 g	
Pãozinho de algas e Kamut®	56 °C	225 °C	30min e 2h / 12-13min	400 g de farinha de trigo especial – 600 g de farinha de Kamut® orgânica – 600 g de água – 300 g de levain líquido – 4 g de fermento biológico – 20 g de sal – 180 g de algas desidratadas	50-60 g	
Pãozinho de avelãs e chocolate	56 °C	200 °C	1h e 1h15 / 15min	1 kg de farinha de trigo especial – 550 g de água – 200 g de levain líquido – 14 g de fermento biológico – 20 g de sal – 50 g de leite em pó – 70 g de açúcar – 150 g de manteiga amolecida – ovos para pincelar – 180 g de avelãs sem pele (10% do peso da massa) – 180 g de chocolate amargo (10% do peso da massa)	125 g	
Pãozinho de uvas-passas e nozes	56 °C	230 °C	1h e 1h30 / 15-20min	500 g de farinha de trigo especial – 500 g de farinha de centeio – 700 g de água – 200 g de levain líquido – 6 g de fermento biológico – 20 g de sal – 200 g de mix de nozes e de passas escuras, sem sementes (10% do peso da massa)	180 g	
Grissini	56 °C	230 °C	1h e 45min / 9min	1 kg de farinha de trigo especial – 450 g de água – 100 g de levain líquido – 10 g de fermento biológico – 20 g de sal – 150 ml de azeite	60 g	
OS PÃES REGIONAIS FRANCESES						
Tabatière (Jura)	56 °C	250 °C	autólise 1h, depois 45min e 1h30 / 24min e 25 com tempo úmido	1 kg de farinha de trigo especial – 650 g de água – 200 g de levain líquido – 5 g de fermento biológico – 20 g de sal – farinha de centeio para a modelagem	300 g	
Pain fendu (Berry)	56 °C	250 °C	autólise 1h, depois 1h e 1h20 / 20min	1 kg de farinha de trigo especial – 650 g de água – 200 g de levain líquido – 5 g de fermento biológico – 20 g de sal	300 g	
Marguerite (Ardèche)	56 °C	260 °C	1h e 1h30 / 6min a 260 °C e 19min a 250 °C	900 g de farinha de trigo especial – 100 g de farinha de centeio – 650 g de água – 200 g de levain líquido – 4 g de fermento biológico – 20 g de sal	300 g	Esse pão, formado por pequenas bolas de massa, que se unem durante o crescimento, é próprio para ser dividido em porções.

	Temp. de base	Temp. de forno	Tempo de crescimento (inicial e final) / Tempo de cozimento	Ingredientes	Peso da massa crua (por peça)	Comentários
Portemanteau (Toulouse)	56 ºC	250 ºC	autólise 1h, depois 1h30 e 1h40 / 25min	1 kg de farinha de trigo especial – 650 g de água – 200 g de levain líquido – 6 g de fermento biológico – 20 g de sal	300 g	
Pain tordu (Gers)	56 ºC	250 ºC	1h30 e 1h30 / 18min	1 kg de farinha de trigo especial – 620 g de água – 200 g de levain líquido – 6 g de fermento biológico – 20 g de sal	300 g	
Vivarais	56 ºC	260 ºC	1h30 e 1h30 / 6min a 260 ºC e 19min a 250 ºC	900 g de farinha de trigo especial – 100 g de farinha de centeio – 640 g de água – 200 g de levain líquido – 4 g de fermento biológico – 20 g de sal – farinha de centeio para a modelagem	550 g	O pão ficará com um apetitoso tom de caramelo claro.
Couronne (Lyon)	56 ºC	260 ºC	1h e 1h30 / 6min a 260 ºC e 15min a 250 ºC	900 g de farinha de trigo especial – 100 g de farinha de centeio – 650 g de água – 200 g de levain líquido – 4 g de fermento biológico – 20 g de sal – farinha de centeio para a modelagem	930 g	O pão ficará com um apetitoso tom de caramelo claro.
Pão de Aix	56 ºC	250 ºC	2h e 1h20 / 6min a 260 ºC, depois 19min a 250 ºC	900 g de farinha de trigo especial – 100 g de farinha de centeio – 640 g de água – 200 g de levain líquido – 4 g de fermento biológico – 20 g de sal	550 g	O pão ficará com um apetitoso tom de caramelo claro.

OS PÃES DE TODO O MUNDO

	Temp. de base	Temp. de forno	Tempo de crescimento (inicial e final) / Tempo de cozimento	Ingredientes	Peso da massa crua (por peça)	Comentários
Focaccia de alecrim (Itália)	56 ºC	240 ºC	2h e 1h30 / 15min	1 kg de farinha de trigo especial – 660 g de água – 200 g de levain líquido – 14 g de fermento biológico – 20 g de sal – 60 g de azeite – ramos de alecrim fresco	940 g	
Macatia (Reunião)	56 ºC	230 ºC	2h e 2h / 15min	500 g de farinha de trigo especial – 500 g de farinha de gruau (ou 1 kg de farinha de trigo especial) – 450 g de água – 200 g de levain líquido – 20 g de fermento biológico – 20 g de sal – 250 g de açúcar mascavo – 120 g de água de flor de laranjeira – 20 g de essência de baunilha – óleo de amendoim para a modelagem	60 g	
Ekmek (Turquia)	56 ºC	240 ºC	1h e 2h / 20min	1 kg de farinha de trigo especial – 550 g de água – 200 g de levain líquido – 3 g de fermento biológico – 20 g de sal – 80 g de azeite – 150 g de mel líquido – 200 g de framboesas secas – 100 g de gergelim preto para as variantes	600 g	
Pumpernickel (Alemanha)	56 ºC	110 ºC	1h e 16-20h / 6h	600 g de farinha de centeio – 300 g de farinha de trigo integral – 100 g de triguilho pré-cozido – 1 kg de água – 240 g de levain líquido – 20 g de sal – 120 g de mel – 80 g de mix de sementes de anis, coentro, erva-doce e Kümmel – manteiga para untar as fôrmas	2,460 kg	
Broa (Portugal)	56 ºC	250 ºC	1h e 1h10 / 25min	500 g de farinha de trigo especial – 500 g de fubá – 590 g de água – 200 g de levain líquido – 4 g de fermento biológico – 20 g de sal – 60 g de óleo de canola	300 g	

	Temp. de base	Temp. de forno	Tempo de crescimento (inicial e final) / Tempo de cozimento	Ingredientes	Peso da massa crua (por peça)	Comentários
Bagel (Canadá e Estados Unidos)	56 °C	240 °C	1h e 30min / 15min	1 kg de farinha de trigo especial – 400 g de água – 200 g de levain líquido – 10 g de fermento biológico – 20 g de sal – 40 g de açúcar – 50 g de manteiga – 2 ovos + ovos para pincelar – sementes de linhaça e de gergelim para as variantes	90 g	Os bagels são afervntados por 1min30s de cada lado antes de serem levados ao forno.
Pão de hambúrguer (Estados Unidos)	56 °C	170 °C	1h e 2h / 14min	1 kg de farinha de trigo especial – 400 g de água – 200 g de levain líquido – 24 g de fermento biológico – 20 g de sal – 50 g de leite em pó – 70 g de açúcar – 100 g de manteiga amolecida – 150 g de gemas – 100 ml de óleo de girassol	100 g	
Pain vaudois (Suíça)	56 °C	260 °C	5h e 1h30 / 6min a 260 °C e 19min a 250 °C	900 g de farinha de trigo especial – 100 g de farinha de centeio – 640 g de água – 200 g de levain líquido – 4 g de fermento biológico – 20 g de sal	300 g	

As receitas apresentadas nas nove partes deste livro foram revistas e adaptadas em atenção aos profissionais com base em 1 kg de farinha. Formulações profissionais de pão baseiam-se sempre na farinha, que corresponde a 100% da receita, não importa a quantidade utilizada. Todos os outros ingredientes são calculados em função da quantidade de farinha, isto é, para o padeiro, a soma de todos os ingredientes em uma receita sempre será mais de 100%. Utilizar 1 kg como 100% facilita a adaptação das receitas para quantidades menores. Todos os líquidos (água, óleo, leite, ovo, levain líquido, etc.) sempre devem ser pesados, a menos que a receita mencione unidade ou volume. Pesar os líquidos aumenta a precisão, importantíssima em panificação – dificilmente alguém consegue medir 540 ml de água, mas consegue pesar 540 g de água. Por isso, a indicação em gramas e não em mililitros.

Glossário

As palavras escritas em versalete estão definidas neste glossário.

Amilase Enzima presente na farinha, sua ação consiste em degradar o amido a açúcares passíveis de fermentação, que, por sua vez, são transformados principalmente em gás carbônico e em álcool durante a fermentação.

Autólise Modo de pré-fermentação que consiste em deixar descansar, antes da sova propriamente dita, a farinha e a água destinadas à fabricação da massa de pão. A autólise melhora a textura da massa, tornando-a mais fácil de ser trabalhada e ajuda o desenvolvimento das peças de massa.

Banneton Cesto de vime, geralmente recoberto de tecido, utilizado para o CRESCIMENTO FINAL.

Bâtard Em panificação, o termo "bâtard" corresponde a um formato alongado e ligeiramente bojudo, que é dado às peças de massa no momento da modelagem.

Cama Tecido de linho enfarinhado no qual são colocadas as peças de massa por ocasião do CRESCIMENTO FINAL. As dobras formadas no tecido permitem colocar as peças de massa umas ao lado das outras sem que se toquem, o que evita que grudem.

Contre-frasage ver FRASAGE.

Crescimento final Segundo período de fermentação que se inicia com a divisão da massa em porções e se estende até o momento de as massas serem levadas ao forno.

Crescimento inicial Primeiro período de FERMENTAÇÃO, ele tem início na sova e prossegue até a divisão da massa em porções e a sova que antecede a MODELAGEM. O crescimento inicial ocorre em temperatura ambiente e pode incluir um tempo de refrigeração.

Crescimento ver FERMENTAÇÃO.

Descanso Tempo de repouso que se segue à divisão da massa em porções e o qual precede a MODELAGEM.

Desgasificar Eliminar, no momento da modelagem da massa, uma parte do gás carbônico gerado pelo primeiro tempo de fermentação e pelo descanso, o qual fica retido nas peças de massa. Estas, consequentemente, perdem volume.

Dividir a massa Após o primeiro período de crescimento, a peça ou a bola de massa é dividida no número de porções desejado. Após a divisão, dá-se prosseguimento à FERMENTAÇÃO da massa.

Dobrar Trabalhar a massa para reduzir a rede de glúten e melhorar sua extensibilidade. A massa adquire então mais FORÇA e se desenvolve mais harmoniosamente nas etapas de CRESCIMENTO FINAL e de cozimento.

Emenda Lugar em que a peça de massa redonda ou alongada se une ou "gruda".

Esponja, método da Pré-fermentação líquida realizada a partir de uma mistura de água e de farinha, em partes iguais, à qual se acrescenta o fermento biológico fresco.

Farelo Partes externas do grão de trigo mantidas ou não no momento da moagem.

Fermentação Transformação bioquímica dos açúcares contidos na farinha, em meio anaeróbico (sem ar), sob a ação dos fermentos e a ação de enzimas (ver AMILASE). A fermentação do pão é chamada alcoólica, pois os açúcares simples (glicose, maltose) são degradados pela levedura a gás carbônico e álcool etílico (etanol). A liberação do gás carbônico é responsável pelo crescimento da massa. A fermentação do pão tem duas etapas: o CRESCIMENTO INICIAL e o CRESCIMENTO FINAL, esse último refere-se ao desenvolvimento das peças de massa depois de sua divisão.

Fermento biológico fresco (de padeiro) Levedura (*Saccharomyces cerevisiae*) capaz de se reproduzir e se multiplicar, muito rapidamente, em meio açucarado, transformando os açúcares em gás carbônico, responsável pelo crescimento da massa, e álcool etílico (etanol).

Força A força da massa refere-se à sua elasticidade e extensibilidade. Uma massa que não tem força é muito extensível. Ao contrário, uma massa que apresenta um excesso de força é muito elástica e não pode mais ser trabalhada.

Frasage Primeira etapa da sova, quando os ingredientes (farinha, água, levain e/ou fermento biológico, sal) são trabalhados à mão sobre a bancada (ou tigela) ou misturados na tigela da batedeira em velocidade baixa. A CONTRE-FRASAGE consiste em acrescentar farinha ao final da sova.

Glúten e rede de glúten Termos que designam o conjunto das proteínas (principalmente as gliadinas e as gluteninas) presentes em maior ou menor proporção na totalidade dos cereais ditos panificáveis. Colocados em contato com a água no momento da sova, eles formam a rede de glúten apta a oferecer resistência à pressão gasosa e a permitir o crescimento dos pães.

Incisão Corte feito sobre a peça de massa já modelada, antes de ser levada ao forno, para o escape do gás carbônico durante o cozimento. É realizada com o auxílio de uma lâmina própria, um estilete ou uma faca bem afiada. Também chamada "orelha" ou "escarificação", para o padeiro a incisão é uma forma de "assinar" seu pão.

Levain Mistura de farinha de panificação e água, com acréscimo ou não de sal, e submetida à fermentação natural acidificante, cuja função é assegurar o crescimento da massa.

Modelagem Operação que ocorre após a divisão da massa em porções. A modelagem consiste em dar uma forma definitiva às porções de massa.

Refrescar Dinamizar ou nutrir um ecossistema microbiano, como o fermento natural, acrescentando-lhe uma quantidade determinada de farinha e de água.

Ressecamento Perda contínua de água no pão, à medida que o tempo passa. Depois desse processo, a textura do pão se degrada e sua fórmula aromática modifica-se.

Sovada Quantidade de massa a ser trabalhada na tigela.

Taxa de extração Quantidade de farinha que o moleiro extrai do trigo ao efetuar a sua moagem.

Taxa de hidratação (TH) Porcentagem de água em relação à quantidade de farinha utilizada em uma receita.

Temperatura de base Temperatura calculada somando-se a temperatura do ambiente, a da farinha e a da água. Ela condiciona a temperatura de uma massa após a sova (geralmente entre 24-25 ºC).

Teor de cinzas Índice utilizado para determinar o tipo de farinha. Representa o resíduo mineral de uma farinha após a combustão à temperatura de 900 ºC. Quanto maior for esse teor, mais películas do grão tem a farinha e, consequentemente, mais integral.

Tipo de farinha *ver* TEOR DE CINZAS.

Transpiração Período durante o qual o pão, uma vez retirado do forno, esfria e continua perdendo água.

Vapor, golpe de Ação de colocar uma pequena quantidade de água, imediatamente antes de se utilizar o forno, numa assadeira colocada na hora do preaquecimento para produzir vapor quente. O vapor é importante para a última etapa de desenvolvimento da massa e para o seu cozimento.

Índice

B
bagel (Canadá e Estados-Unidos)   280
baguete   55
baguete orgânica   102
bâtard   52
benoîton de uvas-passas   199
brioche   192
broa (Portugal)   278

C
ciabatta com sementes de abóbora   163
ciabatta de mix de grãos   158
ciabatta de trigo-sarraceno   160
ciabatta natural   154
ciabatta redonda   164
couronne (Lyon)   259
croissant   200

E-F
ekmek (Turquia)   272
espiga   59
ficelle   60
filão   64
focaccia de alecrim (Itália)   267
fougasse com bacon   176
fougasse de azeitonas pretas e verdes   172
fougasse de queijo de cabra   170

G-M
gâche   62
grissini   236
macatia (Reunião)   270
marguerite (Ardèche)   248
minibrioches   195

P
pães fantasia   58
pain fendu (Berry)   246
pain tordu (Gers)   254
pain vaudois (Suíça)   286
pão com chocolate   204
pão com passas   214
pão com tinta de lula   150
pão de Aix   262
pão de campanha   84
pão de centeio   88
pão de cúrcuma   142
pão de farelo   86
pão de farinha de castanha sem glúten   98
pão de figo   135
pão de fôrma   210
pão de fôrma com pistache   213
pão de fubá sem glúten   96
pão de gergelim   148
pão de gorgonzola e nozes   126
pão de hambúrguer (Estados-Unidos)   284
pão de Kamut®   76
pão de laranja   132
pão de manjericão   166
pão de manteiga e avelãs   124
pão de manteiga e nozes   138
pão de matcha e laranja   129
pão de mel   136
pão de méteil   92
pão de milho   73
pão de primeira moagem   70
pão de semolina   82
pão de tomate seco   169
pão doce   190
pão integral   80
pão multigrãos   74
pão orgânico   109
pão orgânico com farinha integral   118
pão orgânico de farinha de moinho e passas   106
pão orgânico de trigo-sarraceno   112
pão orgânico de trigo-vermelho   114
pão orgânico de trigo-vermelho-fino   116
pão redondo   48
pão redondo de farinha de moinho orgânica   120
pão rústico   66
pão tipo brioche   196
pão vienense   186
pãozinho de algas e Kamut®   228
pãozinho de avelãs e chocolate   230
pãozinho de bacon e nozes-pecãs   222
pãozinho de baunilha   208
pãozinho de leite   184
pãozinho de linhaça   220
pãozinho de passas e nozes   234
pistolet   226
pizza   178
polka   56
portemanteau (Toulouse)   250
pumpernickel (Alemanha)   274

R-T-V
rosca de doze frutas secas 144
tabatière (Jura) 242
trança 61
vivarais 256

A Editora Larousse agradece a todas as pessoas que puseram a mão na massa, assim como a toda a equipe de panificação do cais Panhard-et-Levassor (Paris XIIIe) e em especial
Christophe, Amélie, Véra, Sylvain e, é claro, a Éric Kayser.

Éric Kayser agradece às empresas Matfer (www.matfer.com) e Kitchenaid (www.kitchenaid.fr) pelo empréstimo do material, assim como ao moleiro Yvon Foricher (www.foricher.com).

Massimo Pessina agradece especialmente a:
Equipe da Editora Larousse, pelo cuidado dispensado a esta obra.
Éric Kayser e Jean-Philippe de Tonnac, assim como a Christophe e Amélie.
Estúdio fotográfico H e M e cozinha Charles Bigant (www.charlesbigant.fr), por sua acolhida.
Sua assistente de fotografia, Camille Girault.

Jean-Philippe de Tonnac agradece:
Ewa Lochet, pela atenção dada aos segredos da modelagem.
Massimo Pessina, por sua incansável energia.
As equipes de produção e de venda da padaria do cais.
Panhard-et-Levassor, por sua magnífica acolhida.

Os produtores culinários Audrey Cosson e Marguerite Boiteux agradecem a:
Bodum: www.bodum.com
Forge de Laguiole: www.forge-de-laguiole.com
Guy Degrenne: www.guydegrenne.fr
Jars: www.jarsceramistes.com
Le Jacquard Français: www.le-jacquard-francais.fr
Oliviers & co: www.oliviers-co.com
Rowenta: www.rowenta.fr
Zara Home: www.zarahome.com
Zwilling: www2.zwilling.com

Copyright © 2013 Larousse
Copyright da tradução © 2015 Alaúde Editorial Ltda.
Título original: *Le Larousse du pain - 80 recettes de pains et viennoiseries*

Todos os direitos reservados. Nenhuma parte desta edição pode ser utilizada ou reproduzida - em qualquer meio ou forma, seja mecânico ou eletrônico -, nem apropriada ou estocada em sistema de banco de dados sem a expressa autorização da editora.

O texto deste livro foi fixado conforme o acordo ortográfico vigente no Brasil desde 1º de janeiro de 2009.

PRODUÇÃO EDITORIAL: EDITORA ALAÚDE
Consultoria técnica: Ingrid Schmidt-Hebbel
Preparação: Elvira Castañon
Revisão: Marina Bernard e Rosi Ribeiro Melo
Adaptação de capa: Rodrigo Frazão

EDIÇÃO ORIGINAL: LAROUSSE ÉDITIONS
Direção da publicação: Isabelle Jeuge-Maynart e Ghislaine Stora
Direção editorial: Catherine Maillet
Edição: Ewa Lochet, com a colaboração de Laurence Alvado, Amandine Brouard e Joëlle Narjollet
Direção de arte: Emmanuel Chaspoul
Projeto gráfico: Émilie Laudrin
Produção de objetos: Marguerite Boiteux
Produção culinária: Audrey Cosson
Fabricação: Anne Raynaud
Capa: Émilie Laudrin / Véronique Laporte

O editor agradece a Delphine Blétry e Madeleine Biaujeaud por sua contribuição para esta obra.

1ª edição, 2015
Impresso no Brasil

Dados Internacionais de Catalogação na Publicação (CIP)
(Câmara Brasileira do Livro, SP, Brasil)

Kayser, Éric
    Larousse dos pães / Éric Kayser , com a colaboração de Jean-Philippe de Tonnac , fotografia de Massimo Pessina , tradução Maria Suzete Caselatto. -- São Paulo : Alaúde Editorial, 2015.

    Título original: Le Larousse du pain.
    ISBN 978-85-7881-304-8

    1. Culinária (Pães) 2. Culinária (Receitas) 3. Pães I. Tonnac, Jean-Philippe de. II. Pessina, Massimo. III. Título.

15-08291   CDD-641.815

Índices para catálogo sistemático:
1. Pães : Receitas : Culinária : Economia doméstica   641.815

2022
A Editora Alaúde faz parte do Grupo Editorial Alta Books
Avenida Paulista, 1337, conjunto 11
01311-200 - São Paulo - SP
www.alaude.com.br / blog.alaude.com.br

Compartilhe a sua opinião
sobre este livro usando a hashtag
#LarousseDosPães
nas nossas redes sociais:

/EditoraAlaude
/EditoraAlaude
/AlaudeEditora